VICENTE PALOMARES GARCÍA

FRANCISCO ALÍA MIRANDA

JAVIER GARCÍA-LUENGO MANCHADO

Jesús Molina García

(1903 • 1968)

EL IMPACTO DE LA GUERRA CIVIL
EN UN PINTOR REPUBLICANO

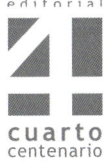

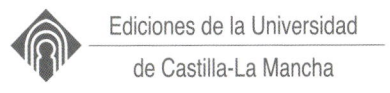

editorial

cuarto
centenario

Ediciones de la Universidad
de Castilla-La Mancha

Cuenca, 2024

Colección Coediciones, n.º 178 (UCLM).
Serie Memoria Democrática de Castilla-La Mancha. N.º 11
Director: Francisco Alía Miranda

De la edición © UCLM

De las imágenes © Jesús Molina, VEGAP, Ciudad Real, 2024

Portada *La España que no quieren conocer.* Acuarela,
50 x 65 cm. 1937. Museo Nacional Centro de Arte Reina Sofía,
Madrid.

Editan Ediciones de la Universidad de Castilla-La Mancha
Editorial Cuarto Centenario

Maquetación IMP Comunicación

Impresión Editorial Cuarto Centenario

ISBN 978-84-9044-659-1

Depósito legal CU 64-2024

Plan Regional de Estudio sobre Memoria Democrática de Castilla-La Mancha, de la Junta de Comunidades de Castilla-La Mancha y Universidad de Castilla-La Mancha.

Este libro es resultado, en parte, del proyecto de investigación "Historia y memoria: Castillla-La Mancha, 1868-1982" (Ref. SBPLY/23/180225/000087), de la Junta de Comunidades de Castilla-La Mancha, financiado por la Unión Europea a través del Fondo Europeo de Desarrollo Regional.

Impreso en España - Printed in Spain

Al pintor Jesús Molina García,
para recuperar su memoria y su historia

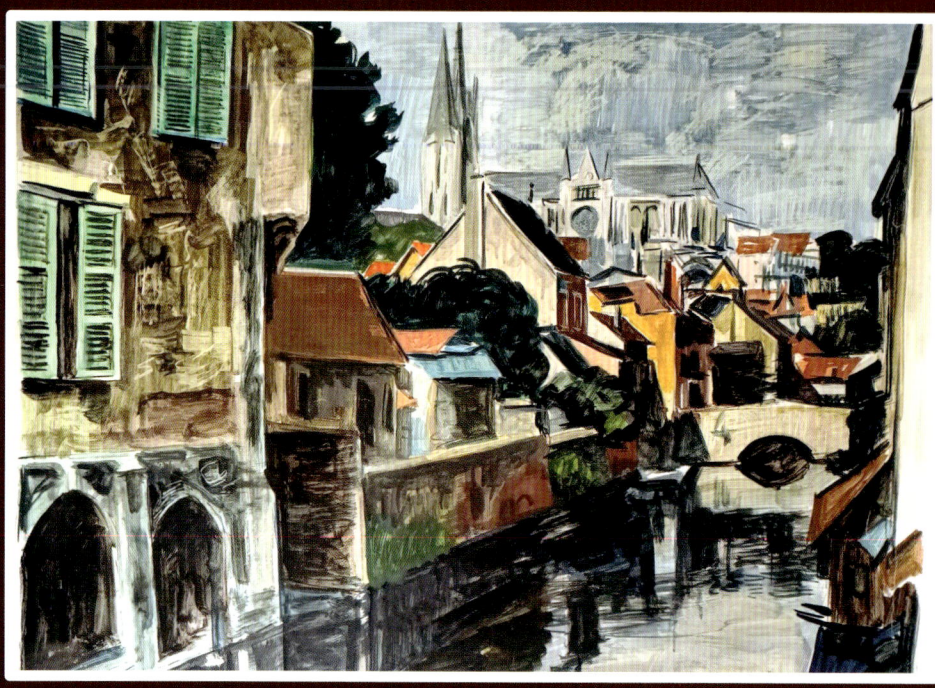

Pueblo belga. Acuarela sobre papel (84x70).

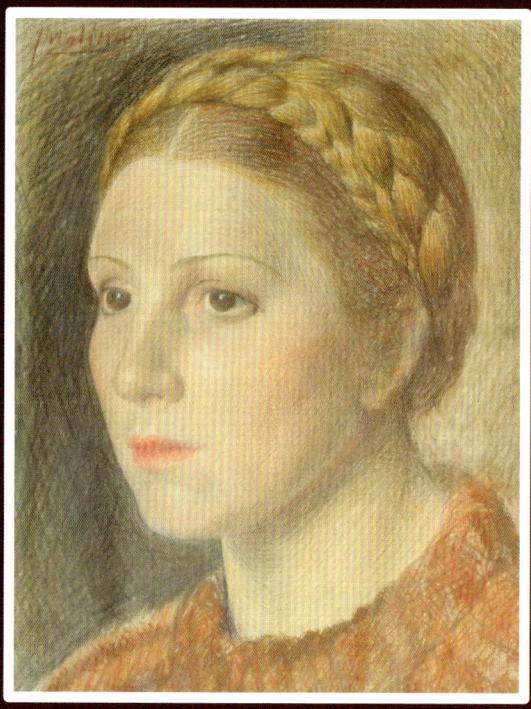

Cabeza de mujer con diadema de trenzas.
Lápiz color sobre papel. (37,5x46,5).

Índice

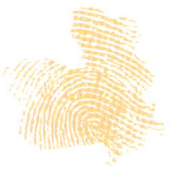

Introducción

Jesús Molina García (1903-1968), aunque nacido en la provincia de Zamora, puede considerarse un pintor manchego, tanto por el origen de sus padres como porque vivió en Ciudad Real parte de su infancia y adolescencia, hasta que marchó a formarse a Madrid, donde fijó su residencia para el resto de su vida. Sin embargo, nunca perdió el contacto con su tierra, donde conservaba gran parte de su familia y a buenos amigos y admirados compañeros de pincel.

Molina se formó en la Escuela de Artes y Oficios de Ciudad Real, entre 1916 y 1917, siendo su primer maestro Ángel Andrade. En este año su familia se traslada a Madrid. Jesús continuó sus estudios en el Museo de Reproducciones Artísticas, primero, y en la Real Academia de Bellas Artes de San Fernando, después, entre 1919 y 1924. Posteriormente, durante el régimen republicano, fue pensionado en la Academia de España en Roma (1932), uno de los centros más prestigiosos de todo el mundo para la formación de jóvenes talentos. Todo un orgullo al alcance de muy pocos privilegiados. La Guerra Civil le sorprendió de vacaciones en Madrid, donde permaneció todo el conflicto. Ahí vivió la guerra de cerca, porque el frente de combate estaba situado en las afueras de la ciudad. Durante este período escribió sus *Diarios de Guerra*, un manuscrito en el que casi todas las noches recogía sus impresiones del momento, cada vez más trágicas, por las enormes dificultades por las que atravesó la ciudad, asediada por los bombardeos, el hambre y el frío en invierno.

A pesar de las duras condiciones de su complicada existencia, nunca dejó de pintar, aunque le faltaba de todo, salvo la inspiración. Trabajó al servicio de la República, primero como cartelista, oficio muy demandado por la importancia de la propaganda en guerra. Después realizó numerosos dibujos y pinturas, la mayor parte por encargo del Gobierno. En 1937, las autoridades le invitaron a participar en la Exposición Internacional de París, un acontecimiento de gran relieve, donde la República quería enseñar al mundo lo que estaba sucediendo en España. En ella presentó siete obras, dos óleos y cinco acuarelas, que compartieron sala junto al Guernica de Picasso y otras obras de reconocidos pintores. Fue galardonado con una medalla de oro.

Jesús Molina trabajó para la República durante la Guerra Civil y ganó el Premio Nacional de Pintura en 1944, en plena dictadura franquista, con el cuadro *Mujer en amarillo*, y está en la actualidad en el Museo Nacional Centro de Arte Reina Sofía (Madrid). Durante la difícil posguerra pudo ganarse la vida pintando retratos, sobre todo, género muy demandado entre las clases sociales más acomodadas, así como en exposiciones individuales y colectivas.

La obra del pintor Jesús Molina ha sido prolífica. Toda una vida dedicada a la pintura. Actualmente, esta se reparte por numerosas ciudades y museos. En el Museo Nacional Centro de Arte Reina Sofía se encuentran las obras que estuvieron en el Pabellón de España en la Exposición Internacional de París de 1937. Todas ellas fueron donadas por los hijos de Jesús Molina. Además, otras siete que ingresaron por haber obtenido premio en certámenes oficiales: *Desnudos, Desnudo, Baile, Bailarinas, La bella, Músicos populares* y la ya citada *Mujer en amarillo*.

Aparte del Centro de Arte Reina Sofía, podemos encontrar obras suyas en el Ministerio de Asuntos Exteriores, Ministerio de Trabajo, embajada de España en Sofía (Bulgaria), Consulado de España en San Juan de Puerto Rico, Consulado de España en Burdeos, Diputación Provincial de Alicante, Diputación Provincial de Zamora, Delegación del Gobierno en

Madrid, Ayuntamiento de Linares, Ayuntamiento de Cerecinos del Campo, Academia de España en Roma, Círculo de Bellas Artes de Madrid, Instituto de Estudios Zamoranos, Escuela de Artes y Oficios Artísticos de Ciudad Real y Museo del Ejército de Toledo, entre otros centros oficiales. Pero todavía son muchas más las que se conservan en colecciones particulares de distintas partes del mundo.

El libro *Jesús Molina García (1903-1968). El impacto de la Guerra Civil en un pintor republicano* se divide en tres capítulos. El primero, de Vicente Palomares, indaga en la vida y obra de Molina, desde sus orígenes hasta su muerte. En él se ofrecen muchos aspectos de su biografía hasta ahora desconocidos. También se dan a conocer obras que están en colecciones particulares de las cuales apenas se tenía conocimiento, sobre todo las depositadas en Ciudad Real, propiedad de familiares de Jesús Molina.

En el segundo capítulo, Francisco Alía estudia la vida del pintor durante la Guerra Civil en Madrid, basándose en la fuente original de los *Diarios de la Guerra* escritos cada día durante el conflicto bélico por Molina. En ellos recogía sus impresiones diarias, su actividad y sus sentimientos. La guerra va dejando profundas huellas en su aspecto físico, por el hambre que pasa sobre todo a partir de 1937, y por los fríos inviernos de 1937 y 1938. Apenas tiene alimentos para comer ni carbón para calentarse. Tampoco materiales para pintar. Todo esto incide en su personalidad y en su propia trayectoria artística, que se ve profundamente alterada. Sus personajes reflejan la dureza de la guerra. Sus expresiones muestran las dificultades de la existencia. A pesar de todo, y de todos, su ideología republicana se mantiene firme, aunque en algunos momentos de desesperación parece tambalearse.

El tercer capítulo analiza la técnica pictórica de Molina. Javier García-Luengo, especialista en Historia del Arte, que realizó su tesis doctoral sobre otro de los pintores manchegos destacados de la época, Gregorio Prieto, aporta un completo análisis de la obra del pintor, desde sus orígenes hasta la última etapa, que permite comprender su evolución, siempre adaptada a los tiempos complicados que le tocaron vivir. Su primer objetivo siempre fue el expresar mediante la pintura la belleza y la tristeza de la vida en cada momento.

Por último, queremos agradecer a Rafael Molina, hijo del pintor, su colaboración y entusiasmo con este libro. Nos ha facilitado mucha información hasta ahora poco o nada conocida. También bastantes fotografías de sus cuadros y dibujos, dispersos por numerosos museos y colecciones particulares. Y, por supuesto, ha puesto a nuestra disposición los *Diarios de Guerra* de su padre. Sin él, este trabajo hubiera sido imposible. Por ello, los tres autores queremos dedicárselo con mucho cariño, el mismo que él ha mostrado durante el largo período de gestación de la investigación. ▍

LOS AUTORES

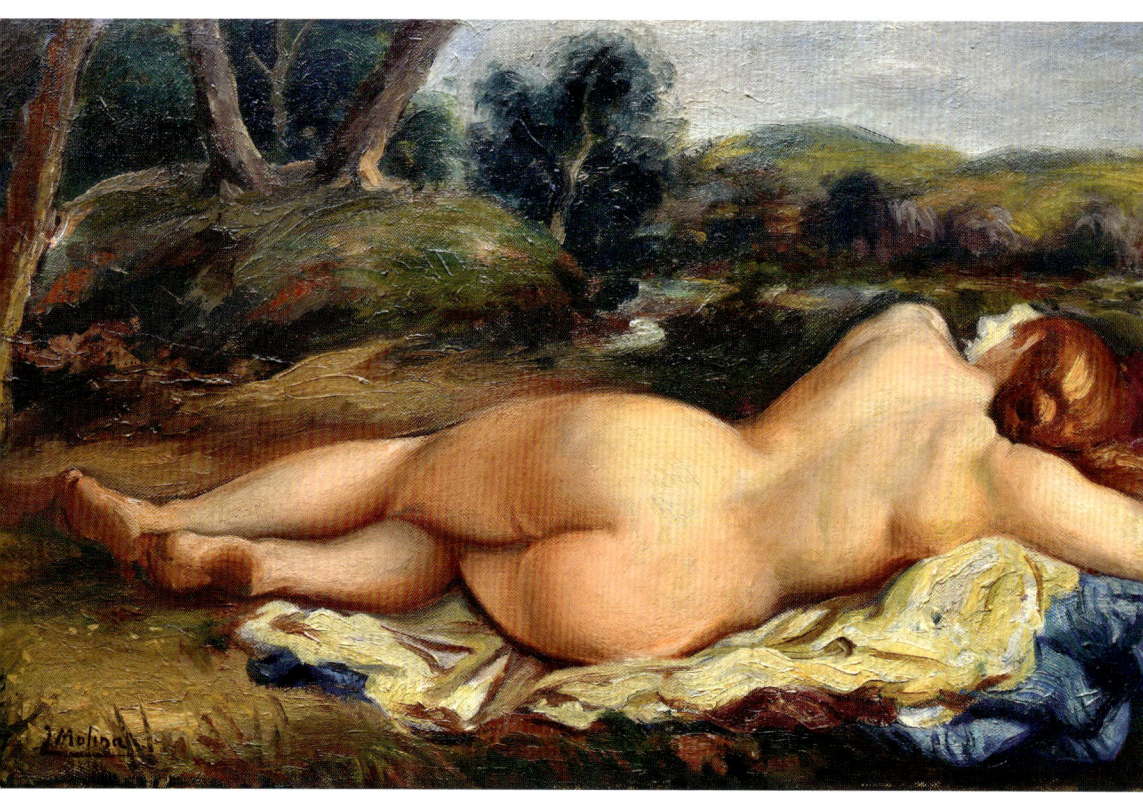

La venus de Roma, 1935. 85 x 48 cm.
Colección Agustín Millán Poncela, Restaurado por Dª Val Cantón.

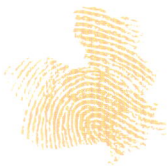

1. Jesús Molina García de Arias, hombre y pintor

VICENTE PALOMARES GARCÍA

1.1 Biografía

El pintor manchego-zamorano Jesús Molina nació en el pueblo zamorano de Cerecinos de Campos el 2 de octubre de 1903 y murió en Madrid el 14 de septiembre de 1968. Sus abuelos fueron, por línea paterna, Francisco Molina Antequera y Manuela Arias Arias. El abuelo de Jesús Molina, Francisco Molina Antequera, nacido en Ciudad Real en 1843 y de profesión sillero según el Acta Municipal de 11 de noviembre de 1857, se marchó a Cuba como militar. Francisco era hermano de Isabel Molina, madre de D. Miguel Pérez Molina y hermanos. Sus abuelos por línea materna fueron Feliciano García y Josefa Díez, ambos de Daimiel.

Su padre era Francisco Molina Arias, nacido en Santiago de Cuba, pero de origen familiar ciudadrealeño, y su madre Pilar García Díaz, natural de Ciudad Real. Jesús es el hijo mayor de siete hermanos y debido al cierre de la fábrica de harinas de D. Gabino y María Bobo, en Cerecinos, donde trabajaba su padre como tenedor de libros, deciden trasladarse a Ciudad Real en busca de trabajo y de ayuda de sus familiares.

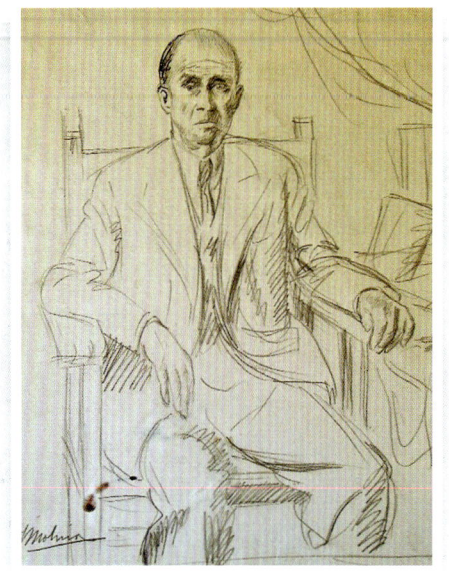

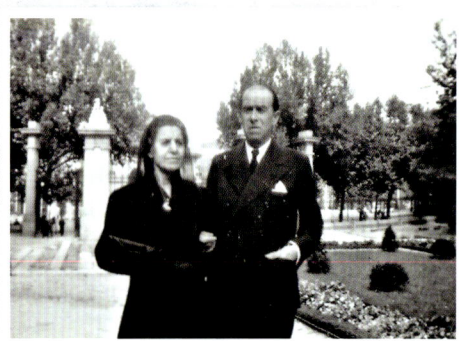

Francisco Molina, su padre. Lápiz sobre papel. 32,4x 26,4 cm. Colección particular.

Pilar García y Francisco Molina, padres de Jesús.

La familia es bien recibida a su regreso de Cerecinos y ayudada tanto por sus tíos Miguel, José, Lorenzo, Ángel y Soledad Pérez Molina, como por su tío Manuel García Barba. Durante su estancia en la capital manchega viven en la calle Toledo número 60. La familia Pérez Molina era una de las más acomodadas en aquellos tiempos en la capital y les ayudan económicamente y le proporcionan trabajo de administrador a su padre en la mina *La Extranjera*, mientras que la familia de su tío materno, Manuel, tenía un origen más humilde. Su tío Manuel estuvo de alumno interno en el Hospicio Provincial y se formó en la Imprenta Provincial, trabajando posteriormente de tipógrafo en el periódico *El Pueblo Manchego*.

Jesús tiene seis años cuando regresan sus padres a Ciudad Real, aquí permanecerán hasta 1911 en el que se marchan a Don Benito por motivos laborales, regresando de nuevo en 1916. En esos momentos lo más normal hubiera sido matricularle en bachiller en la *Academia General de Enseñanza*, que era y estaba dirigida por su tío D. Miguel Pérez Molina, pero al apreciar las cualidades pictóricas de su sobrino, le matriculan en el curso 1916-17 en la Escuela de Artes y Oficios Artísticos de Ciudad

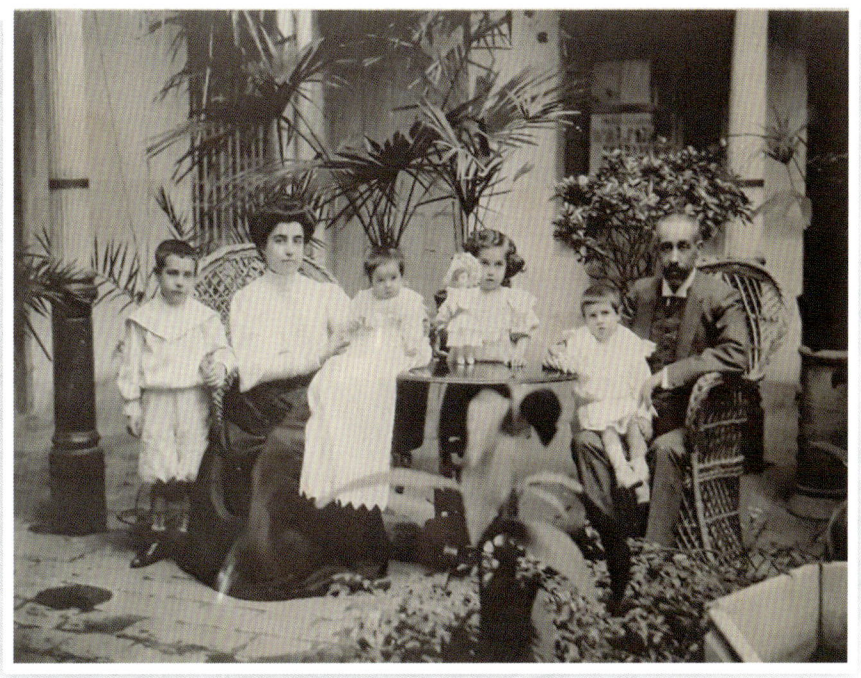

José Pérez Molina, Adela Ayala y familia en su casa de la calle Calatrava.
Cedida por José Pérez González.

Real[1], cursando Dibujo Artístico con el profesor Enrique Navas Escuriet (director del Centro) y obteniendo un premio[2]. Según el expediente que existe en la Escuela de Artes y Oficios Artísticos, Jesús obtiene sobresaliente en Dibujo Artístico y Elementos de Historia del Arte y un premio en metálico. En este Centro hace amistad con sus compañeros Juan Ruiz Díaz, Felipe García Mora, Nieves García Mora, Ángel Ibarrola, Adolfo Rubio, Enrique López-Salazar y Ramón Villodre, entre otros. A Juan Ruiz y a Nieves García Mora les hará sendos retratos, que hoy conservan sus respectivas familias en Ciudad Real.

En el verano de 1917 la familia se traslada a Madrid y Jesús puede continuar sus estudios de pintura. Ingresa, con trece años y medio, en el Museo de Reproducciones Artísticas, donde hace numerosas copias de cuadros de Ribera, Goya, Murillo y Velázquez.

En 1919 ingresa en la Real Academia de Bellas Artes de San Fernando, en la cual destaca, y los profesores Julio Romero de Torres, Victorio

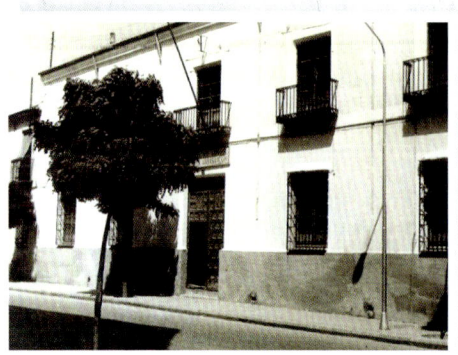

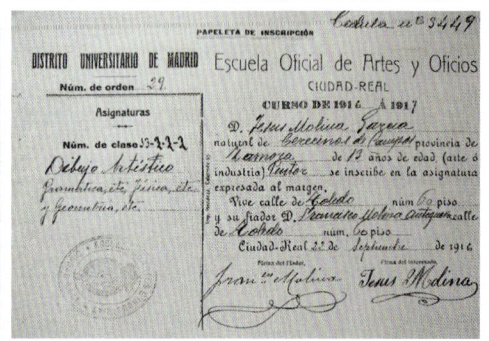

Escuela de Artes y Oficios Artísticos
en la calle Sauco Díez (ahora Mata).

Matrícula de Jesús Molina en el curso
1916/17.

Macho y Mariano Benlliure le muestran un gran apoyo por su talento artístico. Durante este tiempo asiste también a clases particulares con Álvarez de Sotomayor. En esta Academia estará hasta 1924, inclusive.

Según el expediente que existe en la Real Academia de Bellas Artes de San Fernando de Madrid, Molina hace el Examen de Ingreso y suspende tanto en el examen oral como en el práctico en octubre de 1918. Será en 1919 cuando apruebe dicho examen e ingrese en la Real Academia. En ese primer curso consigue una medalla en la clase de Dibujo Antiguo y otra en la clase de Ropaje. Durante estos años coincide en las clases con Luis Berdejo Elipe, Salvador Dalí, César Prieto Martínez y Gregorio Prieto Muñoz, entre otros.

La revista *Vida Manchega* el 5 de noviembre de 1919, en su sección de *Artistas Noveles*, le dedica un artículo en el cual destaca que desde los doce años es un prodigio del dibujo. En dicho artículo reproduce un óleo titulado *Pinos* y un autorretrato. Asimismo, recoge su popularidad entre los compañeros que hacen prácticas de pintura en el Museo de Reproducciones Artísticas de Madrid, donde ha copiado obras de pintores importantes, entre ellas *El Divino Pastor* y *La Dolorosa*, de Murillo, y el *San Andrés*, de Ribera.

El periódico *El Pueblo Manchego*, el día 22 de noviembre de 1919, da la información de que Jesús Molina, con dieciséis años, realiza estudios

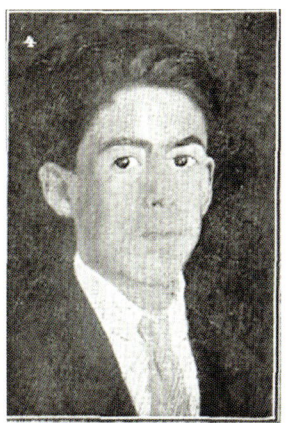

Autorretrato. Vida Manchega 5-11-1919.

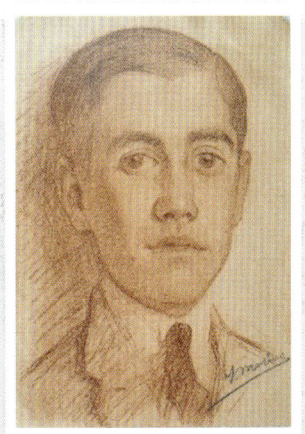

Retrato de José Pérez Ayala. Sepia,18 x 13 cm. Ciudad Real. Colección particular.

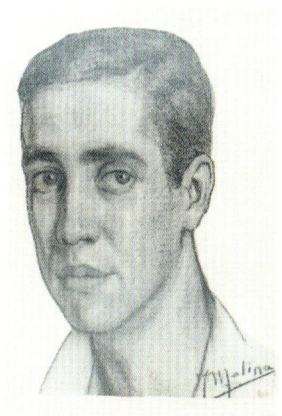

Retrato de José Pérez Ayala. Carboncillo. 27 x 18 cm. Ciudad Real. Colección particular.

en el Museo de Reproducciones Artísticas y en la Real Academia de San Fernando de Madrid, habiendo sido objeto de felicitaciones en ambas.

El 10 de junio de 1920 la revista *Vida Manchega* sigue haciéndose eco de los progresos de Molina en Madrid e informa sobre la obtención de una medalla de plata en los exámenes celebrados en la Academia de San Fernando.

En la Exposición Nacional de Bellas Artes celebrada en 1922 presentó dos cuadros: *Autorretrato* (óleo de 63x52 cm) y *Panneau con ocho dibujos* (sepia de 103 x 73 cm).

Rolando de Calatrava, seudónimo de Pepe Recio Rodero, publica en el periódico *Vida Manchega*, el día 10 de septiembre de 1923, un artículo titulado *Jesús Molina* en el cual señala que se ven confirmadas las expectativas que en este pintor se tenían. Cuenta que Molina ha visitado la redacción del periódico y le ha invitado a que vaya con él a la *Academia General de Enseñanza* y a la casa de Ángel Andrade a contemplar sus últimas creaciones. Entre las últimas obras están los retratos de su tío Miguel Pérez Molina, expuesto en el capítulo del doctor García-Luengo, y el de su maestro Ángel Andrade[3]. El retrato de Ángel Andrade no hemos conseguido localizarlo en Ciudad Real.

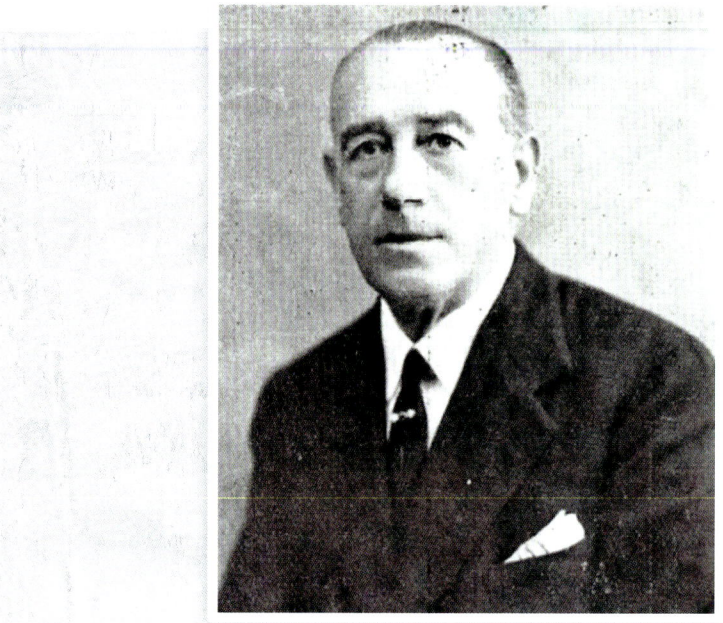

D. Miguel Pérez Molina, su tío.

A continuación, hace a Molina una pequeña entrevista, en presencia de Andrade, en la cual indica el pintor que su primer maestro fue "el primero de los pintores manchegos: Ángel Andrade". Seguidamente comenta que luego se fue a Madrid y ganó dos medallas, una en la clase de Dibujo de Ropaje y otra en la de Dibujo de Yeso. Por último, indica que en la Real Academia ganó unas oposiciones que le permitieron ir una temporada al Paular (Segovia). En este lugar disfrutó pintando paisajes, retratos y tipos característicos de las regiones españolas. En otra de las preguntas manifiesta que está estudiando con Sotomayor, uno de los mejores artistas contemporáneos.

Finaliza la entrevista comentando que está preparando un cuadro para la próxima exposición titulado *Los bohemios y la musa*, "que llevará un desnudo capaz de hacer perder la devoción al mismo San Antonio".

Durante los años veinte se va formando a la vez que obtiene numerosos premios y felicitaciones de sus profesores.

En la Exposición Nacional de Bellas Artes celebrada en 1924 presentó los cuadros *Lola* y *La gitana* (215 x119 cm), y un *retrato de L.T.* (145x114 cm).

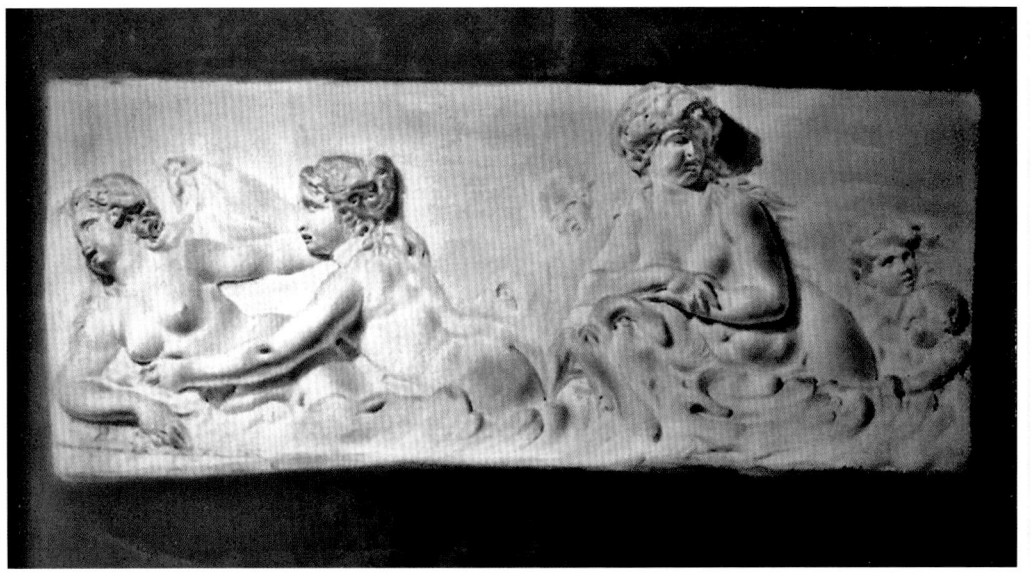

Dibujo de una escayola. Lápiz y carboncillo sobre papel,
80 x 37,5 cm. Colección particular.

Los gastos que le ocasionan los estudios en la Real Academia de San Fernando son costeados por su tío Miguel Pérez Molina[4], según consta en el periódico *Vida Manchega* el día 7 de noviembre de 1932. Sin embargo, para tratar de conseguir dinero solicita una ayuda para estudios de arte pictórico a la Diputación de Zamora, según consta en el *Boletín Oficial de Zamora* el día 10 de julio de 1925, pero le será denegada.

En 1926 vuelve a solicitar a la Diputación de Zamora una ayuda económica para realizar estudios pictóricos en Roma y también se le deniega (B.O.Z. 28/6/1926). Conviene aclarar que en aquella época las diputaciones concedían becas para estudios superiores y especiales a los hijos de su provincia, ésta es la razón por la que Jesús Molina solicita estas ayudas a la de Zamora, puesto que era su provincia de nacimiento.

En julio de 1926 decide visitar Zamora con la intención de realizar una exposición en el Círculo de Zamora, noticia que da el periódico el *Heraldo de Zamora* el día 14 de julio de 1926.

Durante esta década de 1920 realiza numerosas visitas a sus tíos de Ciudad Real y les va trayendo las obras pictóricas que realizó en el Museo

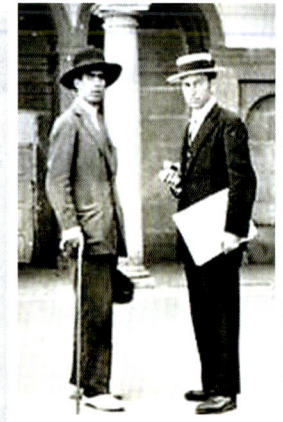

Molina en el Museo del
Prado. Archivo del Museo
del Prado.

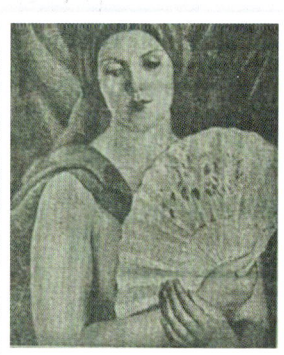

Mujer con abanico.
Óleo/lienzo. Vida
Manchega, 7/1/1932.

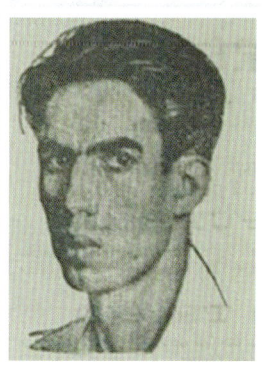

Autorretrato. Lápiz sobre
papel.8,8 x 6,3 cm.
Vida Manchega,
7/1/1932.

de Reproducciones y en la Academia de San Fernando. La familia se va situando en Madrid y su hermano Francisco trabaja de dibujante en el periódico *El Liberal* haciendo retratos de los políticos de la época.

Molina se siente ya bien preparado para dar un salto cualitativo y en diferentes ciudades va realizando exposiciones de sus obras. Los diarios de Madrid, *Heraldo de Madrid* (13-11-1928) y *La Época* (30-10-1928), dan la información de la *Exposición de autorretratos en el Salón* en la que se exponen obras de Victorio Macho, Gustavo de Maeztu, Gregorio Prieto, María Rauset y Jesús Molina, entre otros.

El diario *La Libertad*, el día 18 de junio de 1930, se hace eco de la Exposición Nacional de Bellas Artes, en la cual Jesús Molina presenta sus obras *Azul y rosa* y *Ensueño*.

Los periódicos *Ahora* (10-9-1931) y *La Libertad* (11-9-1931) dan la información de que se ha aprobado en Madrid el Reglamento de Estudios Castellanos, fundado por artistas y literatos castellanoleoneses, para el fomento de las Bellas Artes y Cultura en general. En dicha reunión se nombra presidente a Enrique García Miñambres y vicepresidente a Jesús Molina.

Molina se va haciendo conocido en los ambientes culturales madrileños y su producción pictórica es ya continua. El diario *La Época*, el 12 de octubre de 1931, recoge su participación en la Exposición Permanente en el Círculo de Bellas Artes. Asimismo, la revista *Blanco y Negro* también se hace eco de sus triunfos pictóricos.

En 1932, el periódico *Vida Manchega* le dedica un artículo, firmado por Antón de Villarreal (seudónimo de Francisco Pérez Fernández), titulado *Jesús Molina García, joven pintor, se abre paso en el difícil camino del triunfo*. En él se muestra un óleo de una joven abanicándose y un autorretrato a lápiz, que formaron parte de la exposición de pintores noveles celebrada en el *Círculo de Bellas Artes* de Madrid.

El buen trato que dan los periódicos de Ciudad Real a los triunfos de Molina hace que su tío Manuel García Barba envíe una carta de agradecimiento al director de *Vida Manchega*, publicada el 7 de marzo de 1932. El mismo periódico alienta al joven artista a seguir sus progresos en Roma.

Molina decidió prepararse una oposición para ser pensionado por la Academia de España en Roma entre 1930 y 1931 por la especialidad de Pintura. La *Gaceta de Madrid* publica la convocatoria el 24 de mayo de 1930. La plaza de pintura la obtiene Luis Berdejo aunque Jesús se queda finalista. Desgraciadamente fallece la persona que ganó la plaza para Música y su plaza la transforman para Pintura. De esta manera se le asigna a Molina el 25 de febrero de 1932 con un sueldo de 6.000 pesetas[5].

El día 10 de junio de 1932 se publica una carta de Jesús Molina, dirigida al director del periódico *Vida Manchega*, que dice así:

"Sr D. Enrique Pérez Pastor"

"Muy señor mío y distinguido amigo:

Con gran satisfacción tomo la pluma para darle mis primeras impresiones de este París, imán de ideales, en primavera continua.

Aún no puedo decir como César "llegué, vi y vencí", no, pero si puedo decirle que estoy en un buen camino y que desde que mi vida transcurre aquí he evolucionado en gran forma, he estudiado profundamente el arte moderno, del que le puedo decir que es maravilloso en sus verdaderas y acertadas obras. Éstas se encargan de arrollar a toda esa pléyade de caducos artistas, negación de toda evolución porque ellos nunca sintieron la pulsación del avance, llama suprema de la vida; quieren hacerlo todo dogmático y esto no puede ser, ¡viva la evolución y abajo el dogmatismo! Hay que bañarse en la siempre nueva y maravillosa aurora de todos los días.

París es un sueño monumental con todos sus colosales elementos, es un edén para toda sensación y vibración sensitiva, el concepto estupendo de su organización y emplazamiento de todo su conjunto.

Como le digo anteriormente, aún no he vencido; pero si le puedo decir que ya me he destacado, pues mis obras vistas ya, llamaron la atención de público y grandes artistas extranjeros con los que hoy me une gran amistad a pesar de no saber yo todavía bien hablar el francés. Por lo tanto, mientras aprendo bien la lengua preparo mi gran ataque artístico.

Con saludos para su distinguida familia, queda de V. suyo aftmo, amigo que le distingue y e.s.m."

Molina escribe esta carta desde París ya que se retrasa unos meses su incorporación a la Academia de España en Roma.

Tomó posesión en Roma en agosto de 1932, antes no pudo por estar la *Academia* en obras. Durante estos meses se dedica a viajar por varios países europeos, entre ellos Holanda, Bélgica y Francia. Al llegar a la Academia coincide un tiempo con Gregorio Prieto[6], y conoce a los compañeros de su promoción: Luis Berdejo Elipe, Manuel Pascual Escribano, Mariano Rodríguez Orgaz, Balbino Giner García, Honorio García Condoy, Enrique Pérez Comendador, José Muñoz Molleda y José Ignacio Hervada.

A lo largo de su estancia en la Academia los pensionados debían entregar unos trabajos por año. Molina en su primera entrega pinta un óleo con desnudos femeninos y masculinos, titulado *Descanso en el campo*, que actualmente se encuentra en el Ministerio de Asuntos Exteriores. Para la segunda entrega se marcha a Florencia, donde ya estaba Berdejo, y entre 1933 y 1934 realiza una copia de una parte de *La última cena* de Andrea

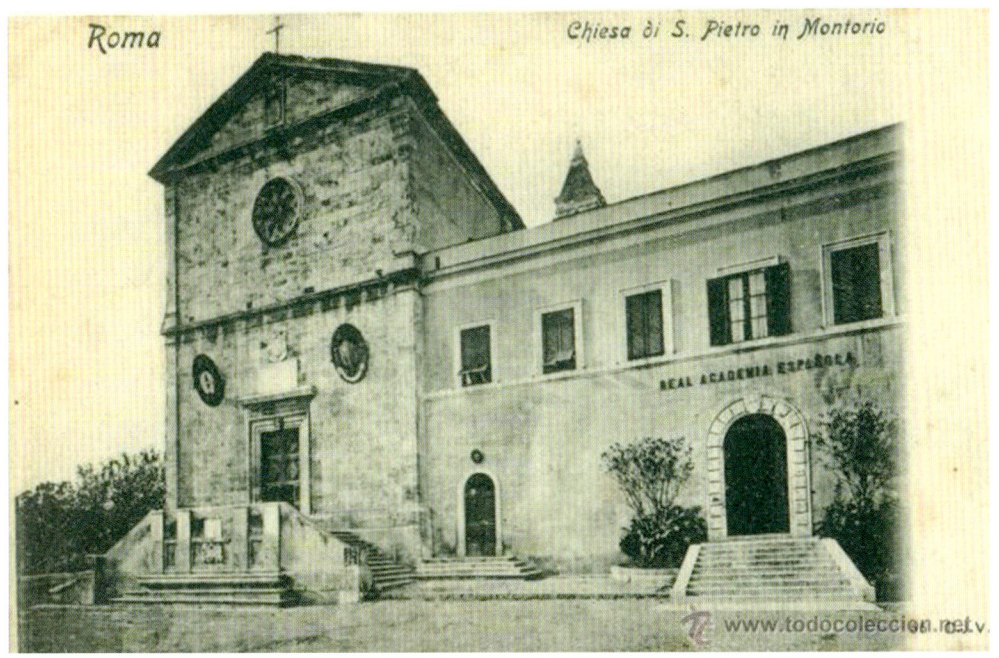

Postal de la Real Academia de España en Roma.

del Castagno. Su idea era estudiar la pintura al fresco del Renacimiento en Florencia. Desde esta ciudad se desplaza a Venecia para estudiar a Tintoretto y Carpaccio; luego va a Arezzo para estudiar la obra de Piero della Francesca.

El 7 de noviembre de 1935, el periódico *Vida Manchega* le dedica un artículo en el cual resume lo publicado por la revista italiana *Latina*, editada en Roma. En el mismo se indica que hay en ese momento diez artistas españoles pensionados por el Estado español en la *Academia de Bellas Artes* de Roma, de los cuales cuatro son pintores, tres escultores, dos arquitectos y un músico; siendo director de la misma Ramón del Valle Inclán.

En esta revista se comentan de forma primordial los trabajos de Luis Berdejo y de Jesús Molina. De Molina se elogian sus cualidades pictóricas para tratar el desnudo y la naturaleza, sin olvidar otras importantes facetas suyas, como son el retrato, su gran conocimiento del dibujo y de la anatomía humana.

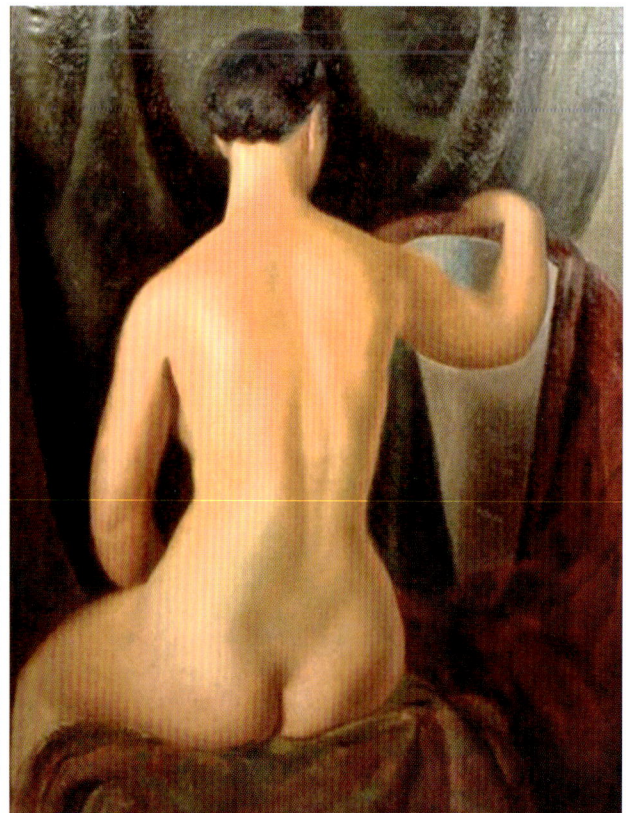

Desnudo de mujer
de espalda.
Óleo sobre lienzo.
162 x 114 cm.
Embajada de España
en Sofía (Bulgaria).

En 1935 viaja a París unos meses y se queda maravillado del arte que allí se expone. Regresa a Roma a finales de marzo y entrega su tercera realización pictórica, la cual consta de un óleo titulado *Desnudo de mujer* y tres bocetos. Para el cuarto año entrega las obras *Atletas* también conocido como *Jugadores olímpicos* y *Ofrenda a la vida*, presentando la primera, en la Exposición Nacional de 1936.

En los años que estuvo en la Academia ,1932 a 1936, recoge la influencia de los pintores italianos del *Quatrocento* y *Quincuecento* y lo plasmará en las obras de desnudos que confecciona durante estos años.

Durante 1935 y la primera mitad de 1936 participó en varias exposiciones tanto en España como en París y en la *XX Bienal de Venecia*. En Francia destaca su intervención en la exposición de *L'Art Espagnol Contemporain* con su obra *Desnudos durmiendo*. Durante los años que pasa en la Academia de Roma tiene especial relación con Berdejo, Souto y

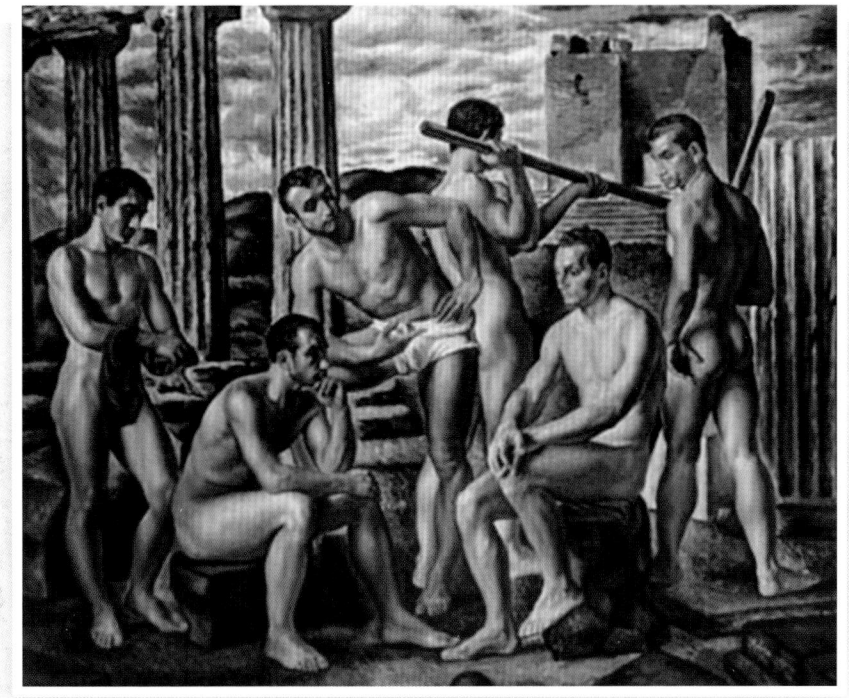

Atletas o Jugadores Olímpicos. 1935. Óleo sobre lienzo, 240 x 270 cm. Roma.

Hervada. Leyendo su *Diario* de 1935 podemos encontrar los lugares que frecuentaba y con los compañeros que asistía a ellos. Gran aficionado a la música asistía a conciertos de música clásica tanto públicos como los que se dieron en la Academia de Francia en Roma, al cine frecuentemente y, en una ocasión, al espectáculo que dio en Roma la bailarina Nati Mora acompañada por el guitarrista Montoya hijo (16-5-1935). Sin olvidar las audiciones de música clásica en la radio, que eran diarias, a veces en su estudio con sus compañeros.

El periódico *Vida Manchega*, el 9 de enero de 1936, recoge un artículo de Manuel Abril, crítico de arte en *Blanco y Negro*, referido al Concurso Nacional de Pintura. Informa que el tema primero del concurso es el dedicado al desnudo. Tema espinoso y equívoco. Destaca que sólo Molina, Berdejo, Muntaner, Vázquez Díaz, Pérez Rubio y Flores han presentado obras logradas. De la obra presentada por Jesús Molina indica: "Cuadro espléndido, de una fortaleza vital, que nos hacer ver cumplidas -y aún más de los que pensábamos- las esperanzas que en este pintor pusimos al conocerle, hace unos años".

El cuadro presentado fue *Atletas*, el cual obtuvo una calificación de honorífica.

El redactor del periódico hace el siguiente comentario de la noticia:

Nos congratula mucho que un crítico de arte, como es Manuel Abril, se ocupe con unos comentarios de éxito tan pronunciados de la labor de nuestro buen amigo Jesús Molina García, y máxime, cuando sus familiares están tan cerca de nosotros como son los señores Pérez Molina y García Barba a quienes damos nuevamente la enhorabuena.

Molina recibe una carta en Roma, enviada por su tío Manuel, en la cual le incluye el artículo publicado en *Vida Manchega* y ello lo refleja en su *Diario* el día 14 de enero de 1936.

Al estallar la Guerra Civil en España, el 18 de julio de 1936, Molina estaba en Madrid desde el 11 de junio. En el diario *La Nación* (27-1-1936) y en el diario *El Sol* (26-1-1936), aparece la noticia de que en el patio del Ministerio del Estado están expuestos los trabajos de los pensionados en Escultura y Pintura, Francisco Gutiérrez Frechina, Tomás Colón y Jesús Molina, para su calificación por el jurado competente.

El diario *El Sol* publica, el 30 de mayo de 1936, la noticia de que el pintor quiere presentarse al concurso–oposición para proveer la cátedra de Dibujo al Natural en la *Escuela Superior de Pintura* de Madrid, pero es excluido.

A Molina nunca le cesaron en la Academia Española en Roma según las informaciones y documentos que nos aporta su hijo Rafael. Al estallar la Guerra Civil en julio de 1936, la situación suya y del resto de los pensionados en Roma es diversa. La embajada de España en Roma se pone al lado del bando franquista y solicita a Olarra, secretario de la Academia, la realización de unos informes en los cuales incluyera matices políticos de los pensionados, por otra parte, el director retiene el pago de los cheques de Souto y Molina hasta ver la manera de podérselos dar.

Margarita Alonso Campoy nos los describe así en sus investigaciones "Las cantidades para el pago de las pensiones ya habían sido libradas por el Ministerio de Estado, pero la Academia nunca se las hizo llegar, por lo que los pensionados que vieron interrumpidos sus pagos desde Roma los reclamaron al Ministerio, que accedió. Sin embargo, la suspensión el 11 de septiembre por parte del Gobierno republicano de las pensiones en el extranjero complicó todavía más la situación ya de por sí difícil de todos ellos, muchos de los cuales finalizada la contienda siguieron reclamando el pago de los emolumentos debidos"[7].

Molina cobró en octubre el mes de agosto, pero el resto de los meses de prórroga, que tenía concedida hasta febrero de 1937, los cobraría en 1939 tras la reclamación correspondiente.

El conflicto bélico hará que Molina dé un gran giro expresivo en su producción pictórica, deja de lado la naturaleza, los retratos y los desnudos y pasa a una etapa expresionista donde aparecen el dolor, el sufrimiento, la tragedia, el sentimiento de impotencia, el miedo y los horrores de la guerra.

Aquellos momentos tan cambiantes no le son ajenos a su familia, sus hermanos luchan en el frente y le llega la muerte a su hermano Ramón. El propio Molina no fue al frente de batalla por ser excluido a causa de tuberculosis.

Se mantiene fiel al gobierno de la República y forma parte de la *Alianza de Intelectuales Antifascistas* y de *Altavoz del Frente*, en los cuales hace dibujos y carteles de propaganda republicana. Molina escribe en su *Diario* el 8 de noviembre de 1936 "Nunca pertenecí a partido alguno ni tuve conocimientos políticos. Lo que sí profesé siempre fue lo que Cristo predicó".

Una de las pasiones de Molina era su amor a España, manifestado en innumerables ocasiones a lo largo de su vida. El 29 de septiembre de 1936 escribe: "Sigo perdiendo un tiempo precioso que podría emplear en otros estudios que un día fueran fruto para mi Patria. No me creo un genio único, pero si tengo un alto sentido de la organización de las cosas y un sentido de responsabilidad. Algún día no lejano demostraré

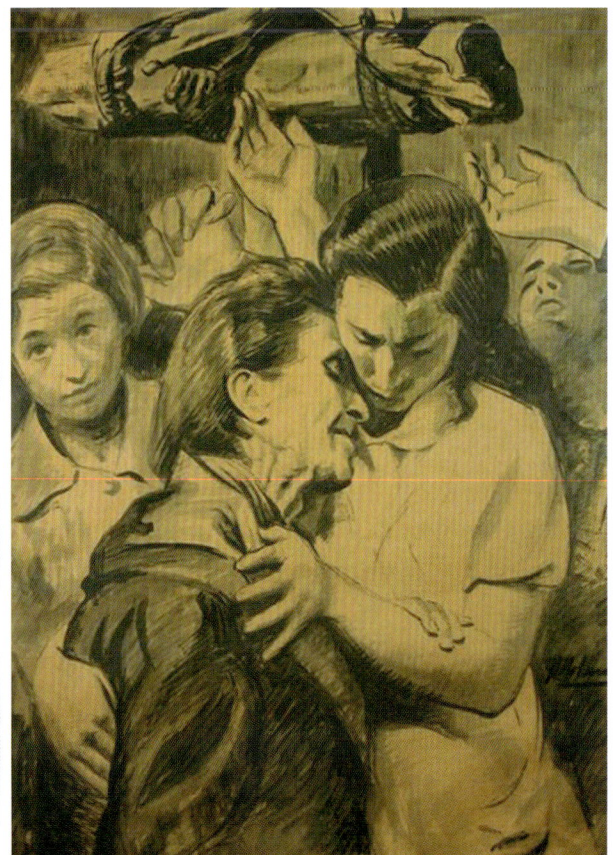

La despedida.
Técnica mixta sobre
cartón. 110 x 80 cm.
Círculo de Bellas Artes,
Madrid.

a muchos mi fe y mi deseo por el gran progreso de España". El 10 de octubre del mismo año anota en su cuaderno: "Deseo organizar mi vida porque creo que con ello colaboraré al prestigio de mi Patria". Y el 1 de noviembre escribe: "Mi amor por España siempre fue insuperable, en todo momento desee para mi Patria los mejores bienes, hoy una nube siniestra cubre su cielo".

A través de la lectura de sus *Diarios* podemos observar su sentido de amistad, solidaridad, fraternidad y compromiso social con los heridos en sus continuas visitas a los hospitales y compartiendo los escasos alimentos de que disponía con los niños y gente hambrienta que encontraba. El 20 de octubre de 1937 viene de Valencia hacia Madrid. En Motilla del Palancar para el autocar en el que viajaba y escribe: "Al apearme del coche llevaba encima un melón, un chico del pueblo me pidió y le aseguro regalarle una raja cuando salgamos de la posada. Así lo hice, pero no era uno el que me esperaba, eran varios; cuando me vieron el melón en las manos se lanzaron hacia mí, les repartí el melón y un bocadillo de pan que para mí había comenzado. ¡¡Humanidad, Humanidad!!". El 23 de octubre de 1938 manifiesta: "He ido al cuartel y he recogido el rancho que he regalado a uno de los muchos chicos que esperaban las sobras".

En 1937 participó en el Álbum de homenaje a la gloriosa capital de España, con una lámina titulada *Cada uno en su puesto*. Este álbum fue editado por Industrias Gráficas Seix Barral de Barcelona, bajo la dirección del Sindicato de Profesionales de Bellas Artes de Madrid. Antonio Machado participa en el mismo con un texto que da comienzo, seguido de láminas de Victorio Macho, Arturo Souto, José Bardasano, Ramón Puyol, José Espert, Julián Lozano, Servando del Pilar, Francisco Mateos, Eduardo Vicente, Enrique Climent y José Solana. También participó en la colección Recuerdos de España. Sin embargo, lo más representativo de 1937 fue su participación en la Exposición Internacional de París, en la cual se expusieron obras de Picasso, Miró, Manuel Ortiz, Solana, Alberto Sánchez y Ramón Gaya, entre otros. Molina presentó dos óleos y seis acuarelas. Sus óleos fueron los titulados *Concentración de tropas* y *Combatientes en la trinchera*; mientras que sus acuarelas son *La España que no quieren conocer*, *Ofensiva*, *Escena militar*, *Mueren por una idea*, *Hacia la posición* y *Madrid, Tetuán de las victorias*. Obtendrá una medalla de oro en dicha exposición. Muchas de las obras del Pabellón Español han estado ocultas en el Palacio Nacional de Montjuic más de cuarenta y ocho años.

Tras varios años de reclamaciones, su hijo Rafael consigue su devolución puesto que el gobierno de la República no se los pagó ni se hizo cargo de los gastos que conllevaron su realización. Las obras son devueltas a sus hijos el 22 de junio del 2011. Muchos de estos cuadros se pueden ver hoy en el *Museo Nacional de Arte Reina Sofía* gracias a la generosidad de su familia, que los donó. Nos comenta Rafael Molina, que era el deseo de su padre que las personas, al ver sus cuadros, comprendan el horror de las guerras para que no vuelvan a producirse.

El diario *La Vanguardia* publica, el 16 de abril de 1938, la noticia de que el Ministerio de Instrucción Pública ha convocado la *I Exposición Trimestral de Artes Plásticas* y en ella han obtenido primeros premios Juan Navarro y Ramón Gaya, mientras que los segundos premios han sido para Jesús Molina y Enrique Climent.

Desde 1935 a 1939, Jesús Molina, escribe unos diarios de incalculable valor testimonial en los ámbitos personal, social y cultural. A través de ellos nos muestra sus proyectos en Roma y sus deseos de innovar y aprender, sus sentimientos ante la tragedia que sucedía día a día, su desilusión, sus dificultades materiales y físicas, sus relaciones con otros pintores e intelectuales de la época, el ambiente cultural y pictórico durante la guerra. A través de sus diarios sabemos que permaneció durante la Guerra Civil en Madrid, si bien viajó a Valencia puntualmente para temas de arte relacionados con la *Alianza de Intelectuales Antifascistas* y a Ciudad Real para visitar a sus familiares. Leyendo sus *Diarios* podemos conocer las personas, artistas y escritores con los cuales se relaciona durante este tiempo, entre ellos están Enrique Tierno Galván, Gregorio Prieto, Victorio Macho, Pérez Rubio, Horacio Ferrer, Valdor, Roberto Domingo, Arturo Souto, Luis Berdejo, Gabriel García Maroto, Ángel Ferrant, José Renau, Santiago Pelegrín, Ramón Sender y Rafael Alberti. Durante la Guerra Civil conoce en Madrid a Enrique Tierno con el cual hace una amistad que le durará toda su vida. Se conocen en sus visitas y colaboraciones con los Hospitales de Sangre y en la realización de multitud de Servicios Auxiliares en los que ayudaban.

El día 28 de noviembre de 1937, escribe en su *Diario:* "Fui a la calle López De Rueda para ver a mi primo Ángel P. (Pérez) Ayala. Hablando con mi primo se puede observar fácilmente que es un joven que ha estudiado y ha leído buenos libros, pero que de la vida no sabe nada y lo bueno en él es que así lo reconoce: lleva cinco meses aquí y naturalmente ha vivido la guerra y la calle, me decía hablando de Baroja y de Ortega y Gasset que actualmente comprendía mejor lo que de estos hombres leyó y estudió, es lógico, es que ahora está más cerca del punto de partida de dichos autores".

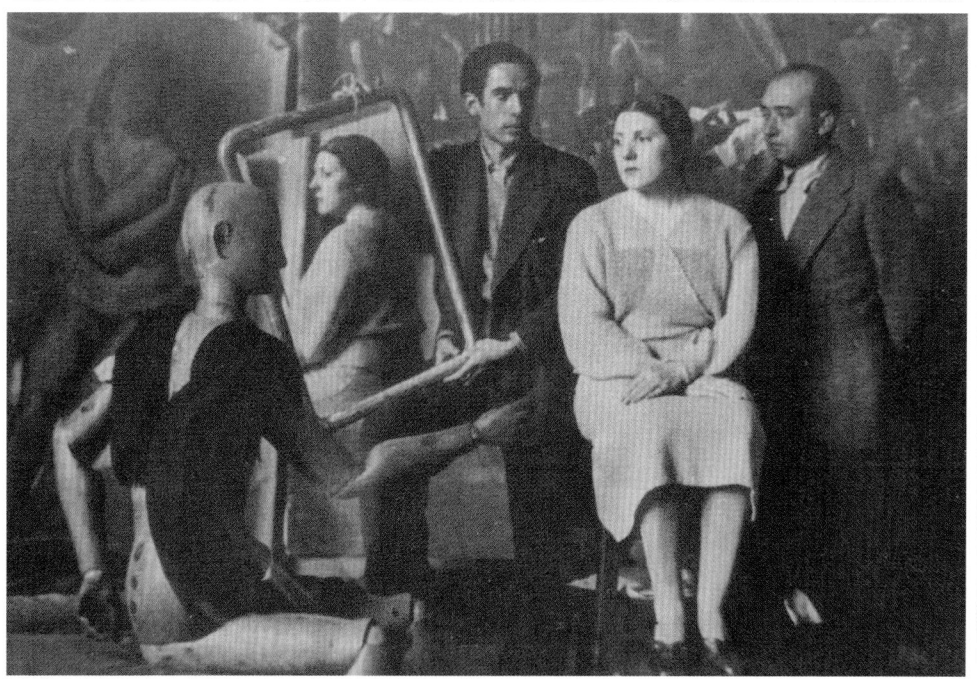

Molina, Luis Berdejo y una modelo.

Con sus familiares de Ciudad Real se cartea durante toda la guerra y ellos también le envían algunos alimentos. El 14 de octubre 1938 escribe: "Después de comer he escrito a mi tío Miguel (Pérez Molina"). El 10 de noviembre 1938 anota que ha recibido dos paquetes de sus primos (Pérez Ayala) de Ciudad Real, uno de un kg de azúcar, y tres libras de chocolate. El 19 de marzo de 1939 escribe en su *Diario* que ha escrito cartas a sus tíos Manolo (García Barba) y Miguel (Pérez Molina). No sabemos si D. Miguel llegaría a recibir esta carta, puesto que muere el 4 de abril.

Durante la Guerra Civil, Jesús Molina continúa con una de sus grandes pasiones, la lectura. A través de sus *Diarios* nos da cuenta de los libros que va leyendo, siendo los temas fundamentales la filosofía, el arte y estudios sobre la obra pictórica de pintores. Entre ellos están: *Vida de hombres ilustres* de Plutarco, *Pensamientos* de Marco Aurelio, *Confesiones* de Rousseau, *El Príncipe* de Maquiavelo, *Todo es verdad* de Shakespeare, *Misceláneas políticas* de Chateaubriand, *La Estética* de Croce, *La Lógica* de Hegel, *El Anticristo* de Nietzsche, *Filosofía del Arte* de Taine, *Conceptos fundamentales de la Historia de los estudios del Arte* de Wolffin, *Tratado de Pintura* de Leonardo da Vinci, *Ensayo crítico de Pintura Contemporánea desde Sorolla hasta Picasso* de Manuel Abril, *Cezanne* de Eugenio D´Ors, *La Decadencia de Occidente* de Oswald Spengler y varios ensayos de Ortega y Gasset.

Otras de sus grandes aficiones eran la música clásica y el cine, de ello da cuenta en sus descripciones de los *Diarios*. El día 12 de enero de 1936 escribe: "Oyendo por mi buena radio la muerte del Ocaso de los Dioses de Wagner, me he emocionado viendo cuan colosal obra concibió aquel grandioso hombre. Haré una composición recordando esta obra. El concierto de esta tarde lo habría Beethoven y lo cerraba Wagner". También sentía una gran admiración por las actuaciones de Pablo Casals, y el 9 de agosto de 1937 anota: "Van a radiar grandes obras musicales interpretadas por el mejor violonchelista del mundo, Pablo Casals. Escucho y espero, el concierto ha sido exquisito. Pienso que cuando un artista llega a una altura tan elevada - que quizá ni las águilas - del dominio técnico y creación de su arte, tiene la máxima compensación que un ser humano puede lograr".

En lo que respecta a su afición al cine, mientras la guerra seguía su curso en Madrid, Jesús solía ir al cine Durruti, entre otros, acompañado de Pepa. El día 17 de diciembre de 1937 escribe: "He estado esta tarde con P. en el cine Durruti. Hemos visto el film Rosas Negras. El asunto es interesante, trabajar por la libertad de un pueblo cuando este se lo merece y hace por merecerla. En una escena, el Gobernador de la pequeña nación oprimida dice: El arte de gobernar bien un pueblo, consiste en conocer los sentimientos y el espíritu de éste". El día 29 vuelve a ir para ver el film *El fantasma del castillo*, dirigido por René Claire, del cual dice: "Se puede asegurar que en su fondo y en su superficie es una obra de arte".

Nos informa Rafael, su hijo, que pudo haberse ido a México, como le ofreció el embajador Sr. Clavé, pero no lo hizo porque se sentía comprometido con los valores de la República y con el pueblo de Madrid que los encarnaba.

Tras el fin de la guerra su situación personal, familiar y económica es delicada, ha muerto su hermano Ramón y dos hermanos se exilian a Méjico. En su diario escribe el día 3 de agosto de 1939: "Entregué esta mañana en el Ministerio de Estado un sobre grande, conteniendo documentos y una declaración jurada sobre mi prórroga de pensión de Roma, continúa escribiendo el día 5 Me veo atado por la miseria" y el 12 del mismo mes anota: "Esta mañana me han entregado el oficio que me da la grata noticia de la ratificación de mi prorroga de pensionado en Roma, suspendida. Haré de esta pequeña cantidad, desde el presente, el monolito de mi vida económica futura. Ya me siento con nuevas fuerzas y las ideas me vienen con riqueza de formas y belleza. No se puede crear en la miseria"[8].

Molina, hombre republicano no marxista, nunca tuvo carnet de ningún partido ni ejerció cargo político alguno. Al acabar la Guerra Civil, el Ministerio de la Gobernación emite un informe, el 16 de junio de 1939, en el cual se expone: "Dedicado exclusivamente a su arte, no se ha inmiscuido nunca en actividades políticas. Carece de antecedentes personales en los archivos de este Departamento".

En los primeros momentos de la posguerra su situación económica y personal son un poco angustiosos. En una de las cartas que escribe al Conde de Casas Rojas en Burgos se expresa así:

"Sé por referencias que hay que hacer varios retratos oficiales del Generalísimo, para nuestras embajadas en el extranjero, si estuviera en su mano que yo hiciera alguno ruego me tenga presente, así como para cualquier otro trabajo relacionado con mi profesión. Le escribo estas líneas con el espíritu muy abatido, pues es tal la desgracia que me ha seguido desde mi regreso de Roma, que muchas veces pienso que ya nada me será propicio"[9].

Pasados los primeros miedos e incertidumbres Molina hace su primera exposición individual en el *Salón Cano* de Madrid en 1941, así lo indica un artículo de A. de las Heras en la *Hoja del Lunes de Madrid* de 24 de marzo. La temática presentada son flores, frutas, bodegones, figuras y retratos.

Recogiendo los datos del programa de la exposición, que se celebró del 17 al 31 de marzo, nos encontramos que presenta las veinticinco obras que detallamos a continuación: tres bodegones (óleos), *Descanso en la jornada* (aguatinta), *Labriego toledano* (cera), *Frutos* (óleo), dos cabezas (dibujos), *Nocturno de Rosalinda* (óleo), *Frutos* (óleo), *Ampurdana* (cera), *Cribando* (aguatinta), retrato de la señorita *A. Catarineu* (pastel), *Sonata de invierno* (óleo), retrato de la poetisa *Catarineu* (pastel), *Maternidad* (cera), *Jardín tarraconense* (aguatinta), *Isabelina* (óleo), *La Coralito* (óleo), *Flores* (óleo), *Sonata de otoño* (óleo), *La ciudad que alcanzó el cielo por el dolor* (aguatinta), *"Soleá* (óleo) y *Puerto norteño* (aguatinta).

El diario *ABC de Sevilla* publica el 1 de enero de 1942 un artículo titulado *Arte y artistas en 1941*, escrito por Cecilio Barberán, en el que se da la información del mundo de las artes en ese año. Da cuenta de las Exposiciones en el Salón Cano de Madrid, en el cual participaron Llorens, Carlos Lezcano, Azpiriz, Jesús Molina, Baldrich, Rogent y Renau.

Se organiza en Madrid en 1943 una *Exposición de Autorretratos Españoles* (1800-1943), en la cual participa con un autorretrato.

En 1943, participa en la *Exposición Nacional de Pintura*, y obtiene una medalla de tercera clase por su óleo *La Bella*, siendo esta obra muy bien valorada por los críticos de arte.

El periodista Cecilio Barberán escribe en el diario *ABC*, el 21 de junio de 1943, un artículo sobre la *Exposición Nacional de Bellas Artes* destacando la originalidad de las obras presentadas por Molina, que en esta ocasión fueron *Composición* y *Florista*.

El periódico anterior informa el 20 de octubre de 1943 de una exposición de Nuevos Pintores Modernos en la cual Molina presenta dos desnudos llenos de color.

El Diario Imperio de Zamora de la Falange recoge el día 27 de agosto de 1944 la noticia de que el artista zamorano Jesús Molina va a exponer en Salamanca en la I Exposición española de Pintura y Escultura. Se informa de que su obra es desconocida en Zamora pero que tiene una brillante carrera, habiendo estado pensionado en Roma, es discípulo de Álvarez

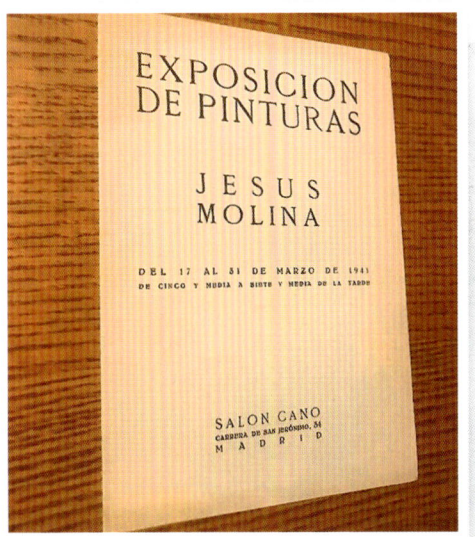

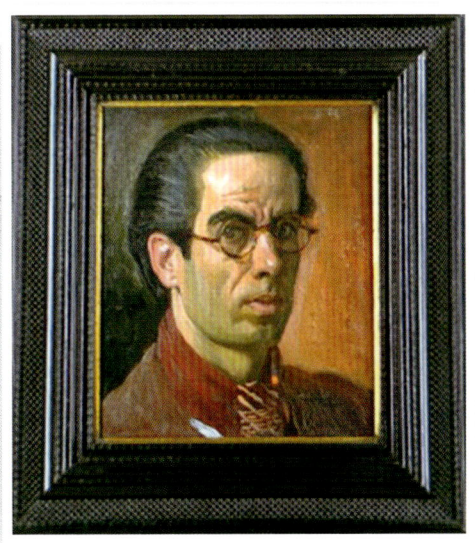

Exposición de Molina
en el Salón Cano, 1941.

Autorretrato. 1943. Óleo/lienzo.
38 x 33 cm. Colección particular.

de Sotomayor y ha conseguido una medalla en la Exposición Nacional de Bellas Artes de 1943. El mismo diario completa la información indicando que también expondrán otros artistas de Madrid como Vázquez Díaz, Agustín y Enrique Segura y Pellicer. El mismo diario informa el 21 de noviembre que Molina obtiene un premio por la figura de una mujer sentada en el interior de una casa vestida con telas de un tono amarillo cromo.

En 1944 obtiene el gran Premio Nacional de Pintura con su obra *Mujer en amarillo*.

En estos momentos su vida en los ambientes artísticos y culturales de Madrid se hace patente, prueba de ello es una dedicatoria que le hacen en 1944 a Florentina Rodríguez de Rivas en el cual intervienen Azorín (escritor), Dolores Catarineu (poetisa discípula de Juan Ramón Jiménez), Manuel Machado y Jesús Molina aportando un dibujo suyo a la dedicatoria.

Desde el 8 de agosto de 1936 y hasta su fallecimiento tendrá un estudio de pintura en la Calle de El Españoleto número 10 en el barrio de

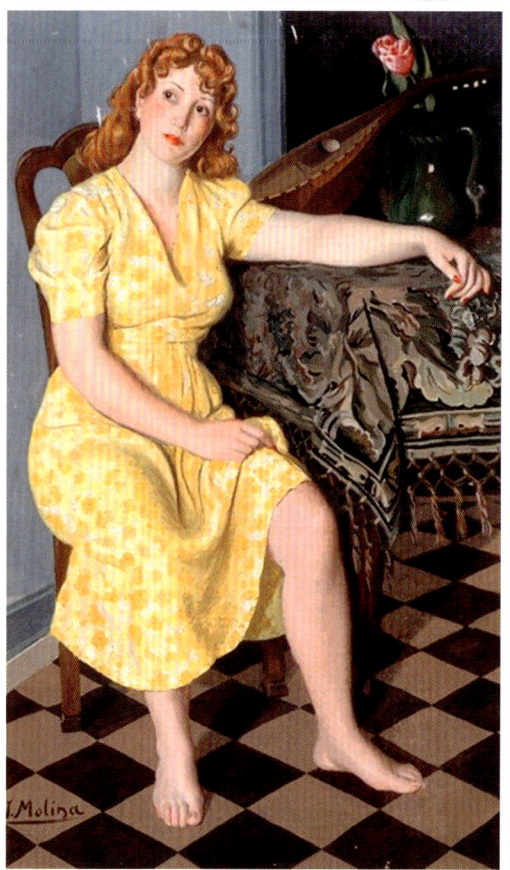

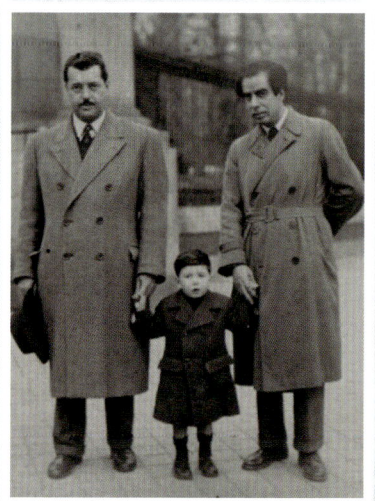

Jesús Molina, su hijo Rafael
y un amigo.

Mujer en amarillo. 1944.
Óleo sobre lienzo.151 x 90 cm.
Museo Nacional Centro de Arte
Reina Sofía, Madrid.

Chamberí, en el cual hace numerosos retratos y obras para las diferentes exposiciones.

En 1946 contrae matrimonio en Madrid con Enriqueta Fernández Vicente, nacida en Porzuna (29-03-1910) de forma ocasional puesto que su padre ejercía allí de médico, siendo padrino de boda Enrique Tierno Galván. De este matrimonio nacerían sus hijos Rafael Enrique y María. Nos cuenta su hijo que su nombre se lo puso su padre en honor al pintor italiano Rafael Sanzio.

En la *Exposición Nacional de Bellas Artes* de 1948 obtiene una Medalla de Primera Clase por su obra *Músicos populares* en el apartado de Dibujo.

Vuelve a participar en 1950 con sus obras *Preludio a la toilette* y *Toreros de ayer*.

La *Hoja del Lunes de Madrid* del día 19 de enero de 1948 se hace eco de las exposiciones de Molina en la *Sala Vilches* y de sus progresos en materia pictórica y del desconcierto, que a veces provoca entre los críticos de arte por algunas composiciones. De esta exposición también se hace eco el diario ABC en su sección de Arte y Artistas describiéndola así:

La interesante exposición de Jesús Molina nos sorprende por las diferencias tan acentuadas que observamos en sus lienzos, no solo en técnicas sino en cualidades. Desde los cuadros acromados hasta los de factura enérgica y pletórica de vitalidad y de fuertes modelados. Todo ello sedimentado sobre un dibujo concienzudo y seguro, que ciñe los rasgos e impide que se disuelvan en algunas de esas tintas de rosada blandura. Por esto estimamos como obras selectas las acuarelas y los dibujos. Las acuarelas están manchadas con secos empastes, buscando efectos de iluminación y de composición de gran cuadro. A veces, el dramatismo del tema conviene con la solidez y espesor del toque, que acentúa los efectos sombríos. Los dibujos son nítidos, de tersa elegancia, con una mezcla de firme incisión y de alado romanticismo. Destaquemos también como obra de gran aliento el cuadro que preside el conjunto, realizado con empeño y fortuna museal, con dos desnudos de poderoso rigor plástico, sentidos con una sana y ancha sensualidad.

En la década de los años cuarenta Molina realiza retratos, bodegones, composiciones donde destaca la figura humana y representa a la mujer en diferentes momentos y situaciones de la vida.

En 1950 participó en la *XXV Bienal de Venecia* junto a otros artistas como Sotomayor, Gargallo, Cossío, Chicharro, Dalí, Gregorio Prieto, Vázquez Díaz, etc. En esta ocasión presenta su obra *Raza celta*.

Se celebra en 1952, en la madrileña Sala Vilches, una exposición individual donde participa con unas 40 obras; con temáticas de bodegones, desnudos, naturalezas muertas, retratos y una serie de escenas circenses.

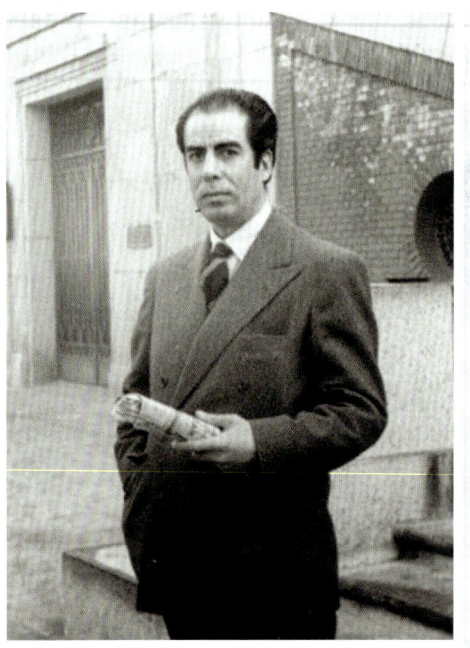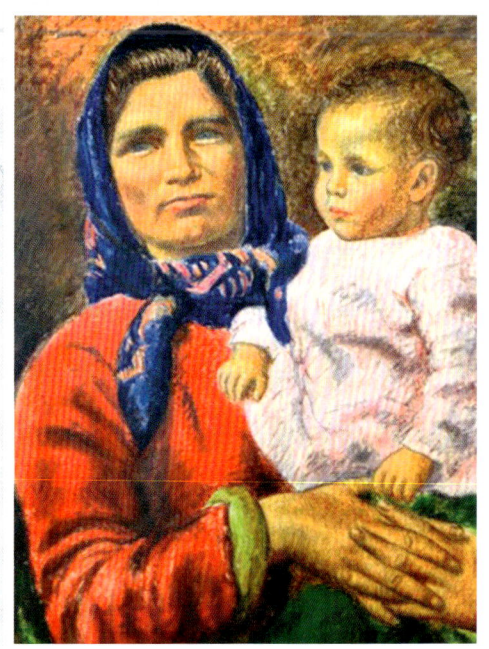

Jesús Molina en Madrid, 1947.

Raza Celta. 1950. Dibujo a ceras.
62,5 x 49 cm. Colección particular.

Durante la década de los años 50 participó en las exposiciones de *Pintores de África*. En la edición de 1952 se le otorgó un premio de 1.500 pesetas por su obra *Moros*. Dos años más tarde participó con los óleos *A la puerta de un bakalito* y *Corriendo la pólvora* junto con la acuarela *Mosaico árabe*.

En el año 1953 hace una exposición en los Salones Macarrón de la calle Jovellanos de Madrid, según informa el diario *ABC*.

José Camón Aznar publica, el 25 de abril de 1954, en su sección Arte y Artistas del diario *ABC*, la magnífica exposición que se expone en el *Círculo de Bellas Artes*, en la cual han participado Guillermo Vargas, Ángel Ballestero, Pardo Galindo, Jesús Molina y Demetrio Salgado.

En 1955 participa con dos obras en la cuarta *Exposición de Otoño* que realiza la *Real Academia de Bellas Artes de Santa Isabel de Hungría* (Sevilla). Las obras fueron: *Después del Adiós* y *Claro de Luna*.

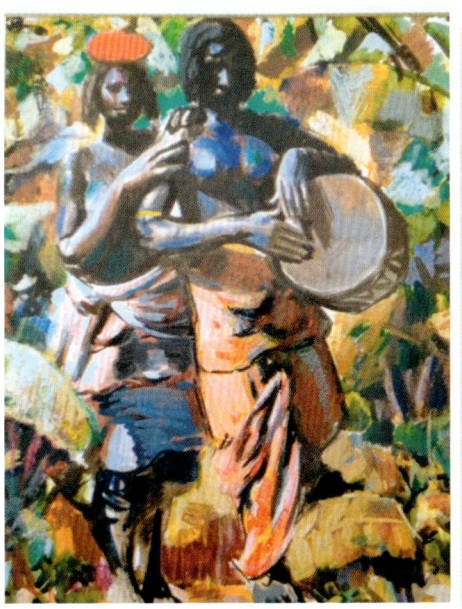

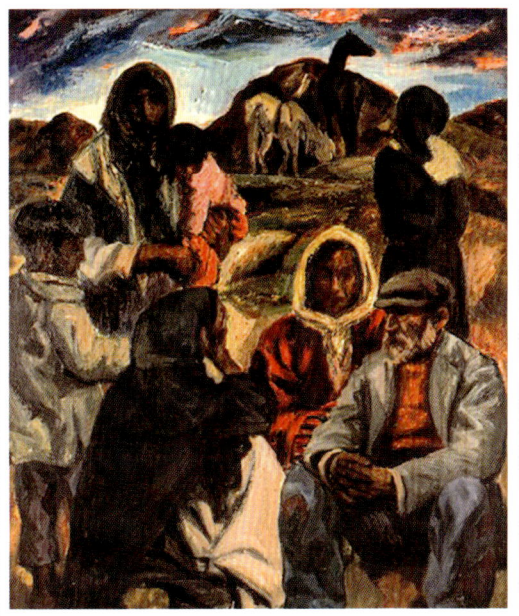

Fiesta africana. Acuarela.

Los Gitanos. 1956. Óleo sobre lienzo.
120 x 95 cm. Diputación Provincial
de Alicante.

La Diputación de Alicante organiza una exposición en 1956, recoge la noticia el periódico *ABC* el 27 de junio informando de que a Jesús Molina se le ha otorgado el segundo premio por su óleo titulado *Los gitanos*. En este mismo año se organiza en Linares una *Exposición Nacional* y logra un premio con su obra *Nieto de don Quijote* (óleo sobre tablex).

En 1957 se celebra la *I Exposición Internacional de Arte en el Círculo de Bellas Artes* y consigue una Medalla de Oro, este hecho lo recoge la *Hoja del Lunes* el 20 de mayo. Este mismo año participa en la *Exposición Nacional de Bellas Artes* junto a un nutrido grupo de artistas castellanos, según informa el *Diario de Zamora* el 25 de mayo.

En abril de 1958 hizo una exposición en los Salones Macarrón de Madrid, donde presentó un total de 22 obras.

El diario *ABC* se hace eco de la exposición de Molina en 1960 en la *Galería Mayer* de Madrid, en la cual presentó un conjunto de pinturas, aguadas, guaches y dibujos.

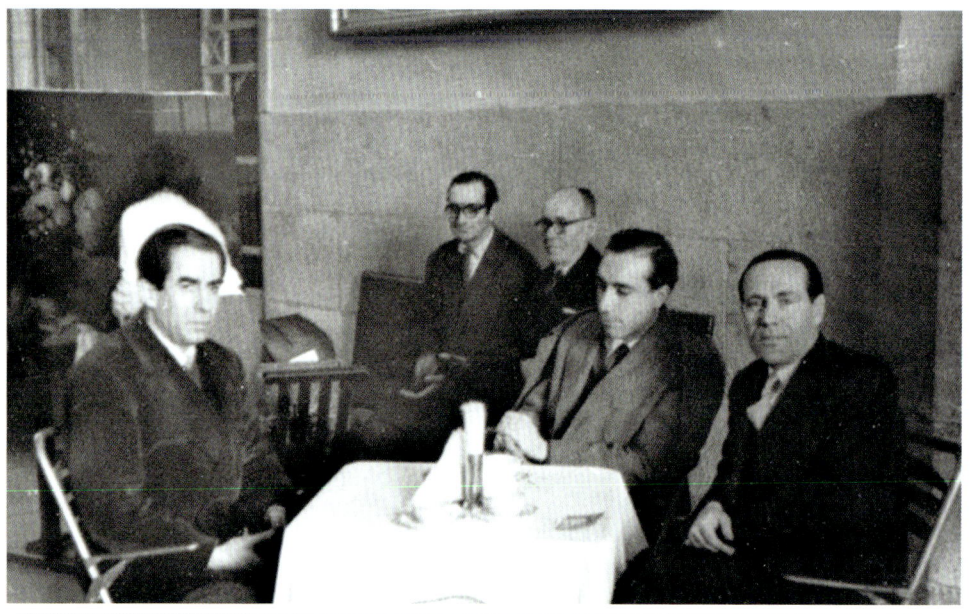

Molina junto a unos amigos en el restaurante del Museo del Prado. 1957.

El diario *Lanza* de Ciudad Real, el día 8 de septiembre de 1960, informa de la *XXI Exposición Manchega de Artes Plásticas*, en la cual Molina obtiene un premio por la provincia de Ciudad Real. Presentó las obras *Membrillos*, *Vísperas de boda* y *Gente de Castilla*, siendo este último óleo premiado con el *Molino de Bronce*.

En 1961 participó con las obras *Estudio de Pintor* (Óleo) y *Composición* (Dibujo). El cuadro *Composición* obtuvo el Premio de Dibujo denominado *Pámpana de Oro* que tenía carácter nacional.

En la *Exposición Manchega de Artes Plásticas* de Valdepeñas de 1962 presentó al Concurso Nacional los óleos *La Bella Jardinera*, *Carrusel y Al filo del alba*. Con esta última obtuvo el premio *Quintería,* otorgado por el industrial valdepeñero D. Juan López Casas. Amelia Ruiz García lo expresa así en su publicación: "Esta obra se describió como …un estudio de flores y numerosos vegetales dotado de una atmósfera muy agradable. Este veterano pintor fue premiado en cuatro ocasiones en las exposiciones de Valdepeñas después de haber conseguido importantes premios nacionales e internacionales".

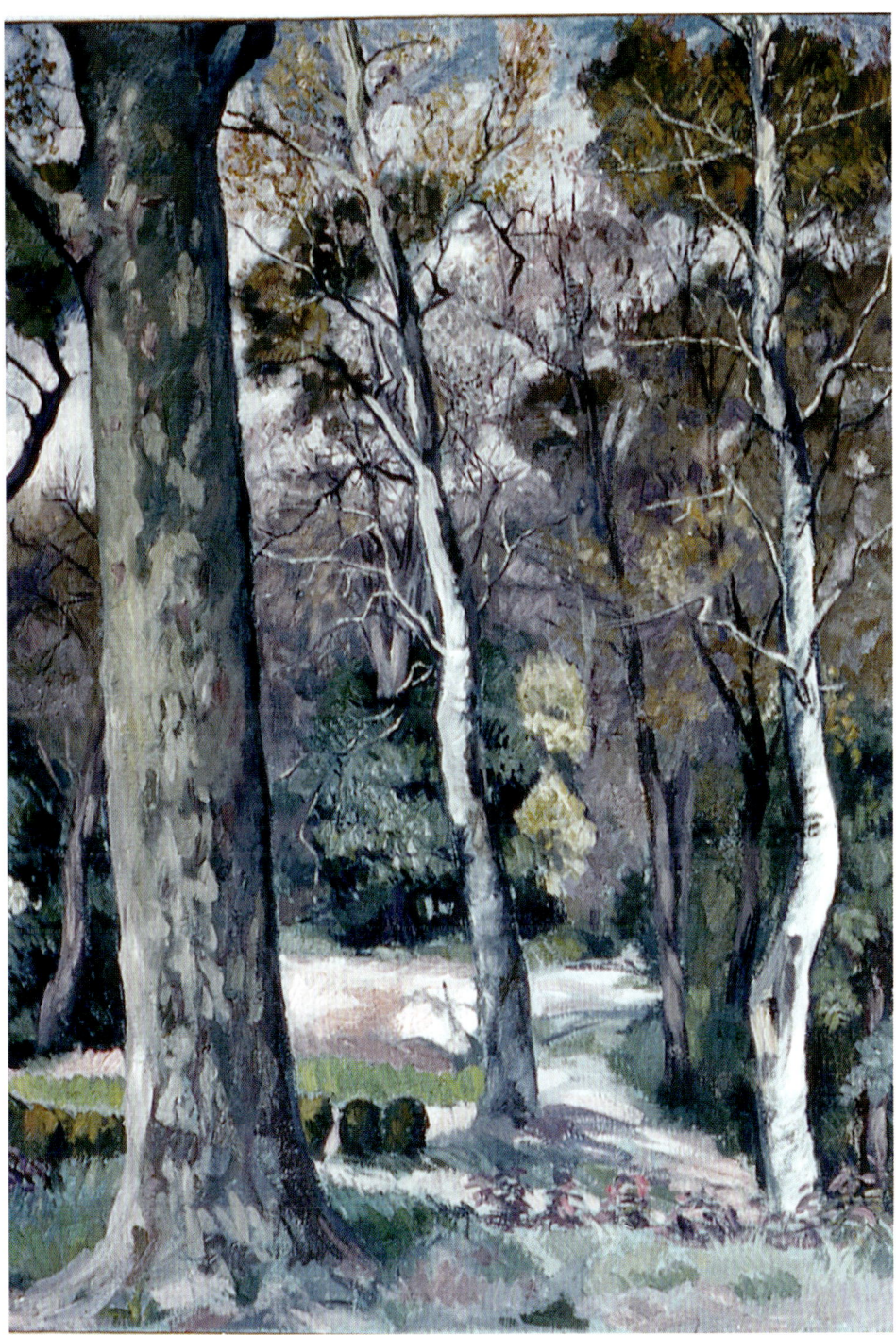

Arboleda. Años 1955-1960. Óleo sobre lienzo. Colección particular.

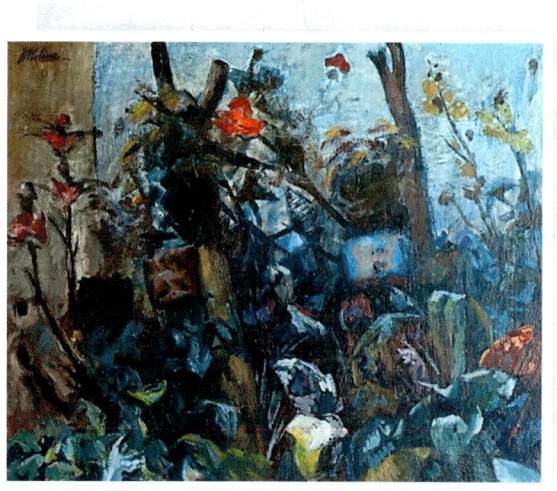

Al filo del Alba. 1962.
74 x 90 cm. Óleo sobre lienzo.
Colección particular.

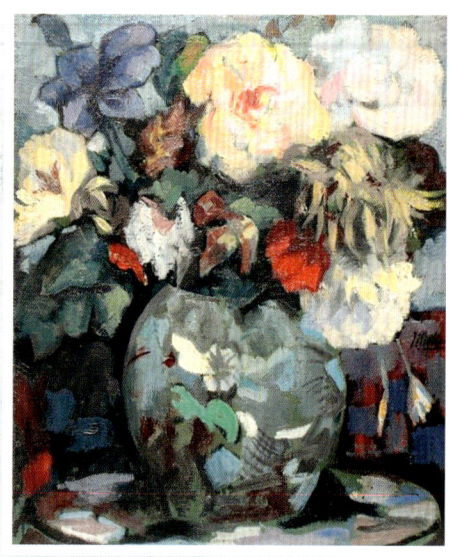

Flores. Óleo/lienzo.
69 x 57 cm. Museo Municipal
de Valdepeñas.

Para el concurso regional presentó sus obras *Flores* (donada al ayuntamiento de Valdepeñas), *Chartre* y *Fiesta grande*. Gracias al restaurador del Museo Municipal de Valdepeñas, Miguel Carmona, hemos podido sacar a la luz la obra *Flores* para disfrute y deleite de todos los manchegos. El diario *Lanza* recoge la información de la exposición el día 20 de septiembre de 1962.

Será en la *XIII Exposición de Pintores de África* de 1963 donde obtendría una Medalla de Honor por su obra *Sinfonía africana* y el *Diario de Zamora* da la noticia de este triunfo de Molina el 6 de marzo.

Santiago Arbós Ballester, periodista del diario *ABC*, da la información del *II Certamen Nacional de Artes Plásticas* que se celebra en la *Galería Toisón* de Madrid en diciembre 1963. Molina participa con bodegones, composiciones, floreros e interiores. El articulista se siente sorprendido muy gratamente por lo presentado por Molina y lo describe así:

En el panorama presente de la pintura nacional Jesús Molina es un solitario, un caso singular. Nada tiene que ver este pintor con ninguno de los movimientos en boga, nada debe a las experiencias pictóricas desarrolladas en lo que va de siglo; pero nada, tampoco, le une a los supervivientes de lo que se llama -para entendernos- el academicismo. En el trance de tener que afiliarle de algún modo, diría que la pintura de Jesús Molina es heredera del impresionismo, no del francés, sino del impresionismo genuino: del impresionismo español del siglo XVII.

La pintura de Jesús Molina es fruto del oficio docto, sabio, obra de un pintor de otro tiempo.

En esta ocasión le otorgan un premio en el apartado de dibujo.

El diario *Lanza* de Ciudad Real publica, el día 26 de septiembre de 1963, los resultados de la XXIV edición de la *Exposición Manchega de Artes Plásticas*, en la cual Molina obtiene el *Molino de Bronce* y premio de 3.000 pesetas con su obra *Naturaleza muerta* (óleo), también presentó los óleos *La trapecista* y *La modista*.

En 1964 vuelve a participar en Valdepeñas, pero por el apartado Regional, con las obras *Delante de la ventana* y *Naturaleza muerta con flores,* no obteniendo premio.

En 1964 obtiene un premio de Dibujo por su obra *Nocturno* en el XIV concurso-exposición *Pintores de África*.

El último año que participó en Valdepeñas fue en 1965 con sus *obras En la playa* y *Modista de sombreros*.

La *Hoja del Lunes de Barcelona* informa, el día 15 de febrero de 1965, que Jesús Molina expone en la *Sala Vayreda* de forma individual, destacando el encendido colorismo y luminosidad de sus obras. En esta exposición presenta composiciones de figuras, bodegones y floreros. Entre las obras presentadas destacan *En la playa, Modista de sombreros, Por la Gran Vía, Cesta con lanas, Estival, Vaso azul con flores, Encajera belga* y *Modista*. El crítico de arte Antonio Lorenzo dice de dicha exposición:

"Si la pintura es reflejo de nuestro espíritu, muchas ganas de vivir y respirar tiene Jesús Molina para pintar así. Hace tres o cuatro años los cuadros de Jesús Molina han ido tomando aires mediterráneos, aires propios del impresionismo más luminoso, que no tienen antecedente ni

consecuente en ninguna escuela castellana. En este momento hace una pintura equidistante en su ejecución de la academia y el vanguardismo extremo".

Ese mismo año realiza una exposición de guaches en la sala *Afrodisio Aguado S. A.* en la calle Marqués de Cubas de Madrid, terminando el año con una exposición de 27 obras en la Galería de Arte Círculo 2 de Madrid, entre otras *Minero, Homenaje a Mozart* y *Homenaje a Ravel.*

La XVII edición de *Pintores de África* se celebró en 1967 en los Salones de la Biblioteca Nacional, obteniendo un primer premio por su óleo *Mosaico africano*, con una dotación económica de 20.000 pesetas, según informó el diario *ABC* el 23 de marzo.

Desde mediados de los años 50 la pintura abstracta iba tomando la delantera en las nuevas corrientes pictóricas y aunque Molina hizo algunos cuadros, éste no era su estilo. Sin perder los conceptos clásicos su pintura evolucionó hacia un impresionismo de amplio colorido, buscando siempre una pintura moderna.

Se publica en el *Boletín Oficial del Estado* la Orden de 24 de mayo de 1967 en la cual se le nombra catedrático de Colorido y Composición de la *Escuela Superior de Bellas Artes de San Jorge* de Barcelona, ganada por concurso-oposición con un sueldo de 153.000 pesetas anuales (*B.O.E.* 19/6/1967). Su vida transcurrió los dos últimos años entre Madrid y Barcelona.

Nos comenta su hijo Rafael que la pintura fue su gran pasión, y la lectura, la música clásica y el cine sus aficiones. Mientras pintaba escuchaba música clásica en la radio, y disfrutaba tanto con ella que pintó varios cuadros en homenaje a compositores como Mozart, Ravel y Stravinsky. Sus músicos preferidos eran Beethoven, Chaikovski, Mozart y Wagner. En lo que respecta a la lectura ya hemos comentado sus preferencias, pero tenía en su colección varios libros firmados por autores o por personas con las cuales le unía una especial amistad. Enrique Tierno Galván le hizo dedicatorias en los libros *El cero y el infinito* de Arthur Roestler, *Figuras de la Pasión del Señor* de Gabriel Miró y *Brighton parque de Atracciones* de Graham Greene. Tenía una relación excelente con Camilo José Cela, el

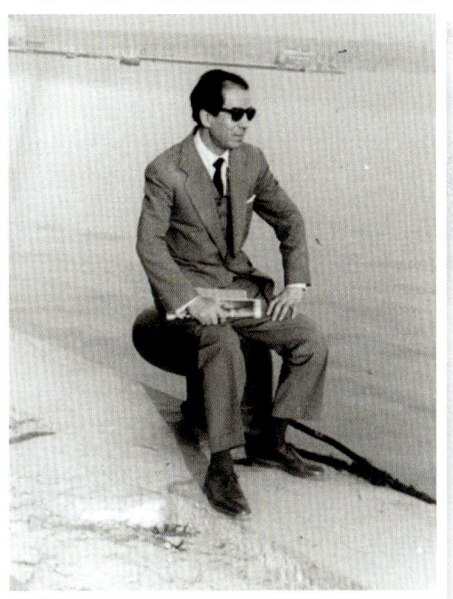

Jesús Molina en Galicia,
invitado por Sotomayor.

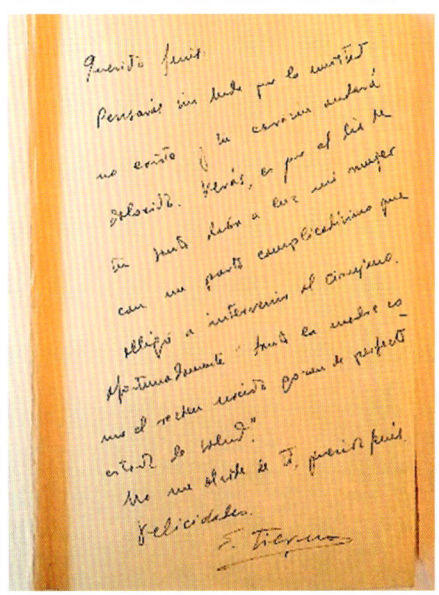

Dedicatoria de Enrique Tierno Galván
a Jesús en el libro *Figuras de la pasión
del Señor. 1946*. Colección particular.

cual le hace una dedicatoria en su libro *Viaje al Pirineo de Lérida*. Ángel Lázaro le escribe unas líneas en su libro *Semblanzas y ensayos*, Carlos del Valle-Inclán le dedica unas palabras en el libro *Rusiñol y su tiempo* de José Plá, Eugenio Mediano Flores hace lo propio en *Éste que veis aquí…*, Jesús Cancio le hace una dedicatoria en su libro *Barlovento* y A. Herrero lo hace en su obra *Víctor Hugo*.

Continúa Rafael comentándonos que "para su padre lo primero era la pintura, lo segundo también la pintura y en tercer lugar la pintura y la familia". Un artista entregado a una pasión y a una vivencia.

Molina, hombre culto y creador, dominaba el italiano y el francés. Cuando escribía radiaba sus conocimientos de filosofía del arte, y su expresión llena de sabiduría y reflexión se manifiestan en los diversos artículos que publicó y en las Memorias de los trabajos que presentaba.

Desde 1939 hasta su muerte en 1968 realizó 12 exposiciones individuales y 30 colectivas, según la documentación que nos presenta su hijo Rafael.

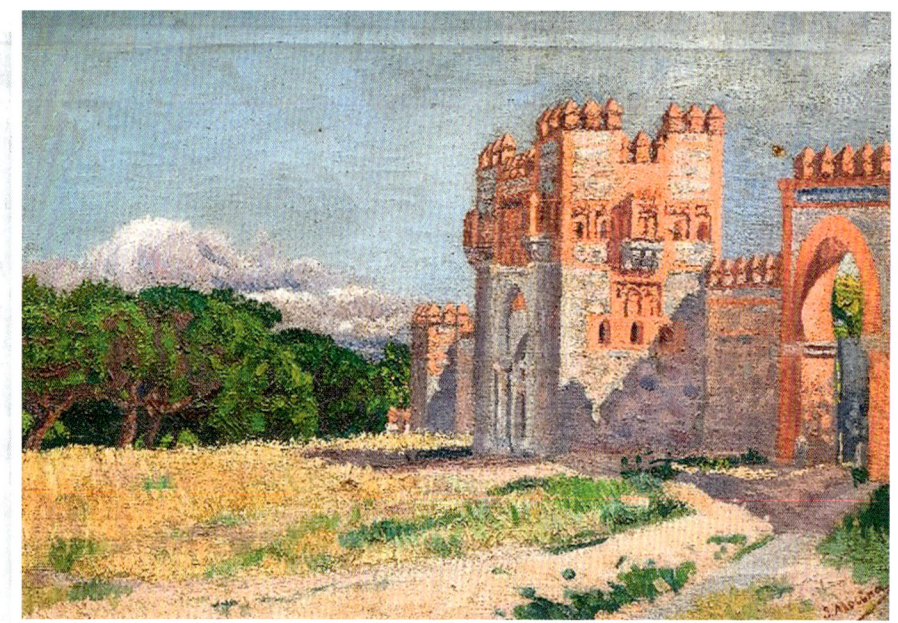

El Castillo. 1923. Óleo sobre lienzo. 40 x 57 cm. Colección particular. Ciudad Real.

Muere en Madrid el 14 de septiembre de 1968. El crítico de arte A.M. Campoy en el diario *ABC* (22/11/1968) le dedica un artículo titulado *Jesús Molina se nos ha muerto como vivió*:

> *Silenciosamente, sin avisar. Era un hombre retirado y de muy escasa compañía, hombre rumiador de sus sueños, nadie sabía por qué encrucijadas. Alto, distante, cortés, Jesús Molina nunca se reiteraba, nunca solicitaba nada, vivía de su pintura y de sus recuerdos, y, si juzgamos por su última exposición, también vivía para sus proyectos.*

1.2 Vida y obra. Etapas pictóricas. Su obra inédita en Ciudad Real

Resulta difícil decidir sobre una etapa en una expresión pictórica porque las personas se expresan en el tiempo y según el momento y circunstancias que atraviesan. A modo de síntesis, puesto que en un capítulo posterior se hará un análisis de su producción y expresión pictórica, podríamos estructurar la obra pictórica de Jesús Molina en varias etapas.

La primera de ellas podríamos llamarla *Etapa de Formación* (1916-1936), que abarcaría, en su primer momento, los estudios en la *Escuela de Artes y Oficios* de Ciudad Real en 1916 y 1917, y primeras lecciones con Ángel Andrade. En un segundo momento, de esta etapa formativa se desarrollaría en Madrid, en el *Museo de Reproducciones Artísticas, la Real Academia de Bellas Artes de San Fernando* y las clases particulares con Álvarez de Sotomayor. Un tercer momento son los estudios en la *Academia de España* en Roma, junto con los viajes que hace por Italia y varias ciudades europeas.

La obra pictórica que hemos localizado en Ciudad Real es toda inédita. En ella hace retratos, paisajes y bodegones; al carboncillo, sepia y óleo. Casi todos realizados a la familia Pérez Molina, sus tíos. Como anécdota podemos contar que pintó un bellísimo retrato al óleo titulado *La gitana* para la familia de José Pérez Molina y su esposa Adela Ayala, el cual fue rechazado por Adela, nada más entrar Molina a su casa de la calle Calatrava, con estas palabras: "esa indecencia no entra en mi casa". La razón era porque la mujer tenía un pecho al aire, y Molina tuvo que llevarse el cuadro y tapar el busto con la mantilla, que cubría la cabeza y llegaba hasta la cadera. Como bien indica el doctor en arte Javier García-Luengo, la persona retratada debió de pertenecer a una familia de la burguesía ciudadrealeña de la época. Este bello cuadro podemos contemplarlo en el texto del doctor García-Luengo.

En el *Museo de Reproducciones Artísticas* hace numerosas copias de pintores clásicos como Velázquez, Murillo, Goya y Ribera, entre otros. Algunos de ellos los lleva a Ciudad Real para sus tíos. La calidad de las copias lleva a sus profesores a otorgarle varios premios.

A Juan Ruiz Díaz, vecino, amigo y compañero en la *Escuela de Artes y Oficios Artísticos* le realiza un retrato y otro de un familiar. En la actualidad hemos localizado sólo el retrato de Juan, y gracias a su sobrino-nieto Félix Pallarés podemos exponerlo en la presente publicación. Juan Ruiz estudió el oficio de marmolista en la *Escuela de Artes*.

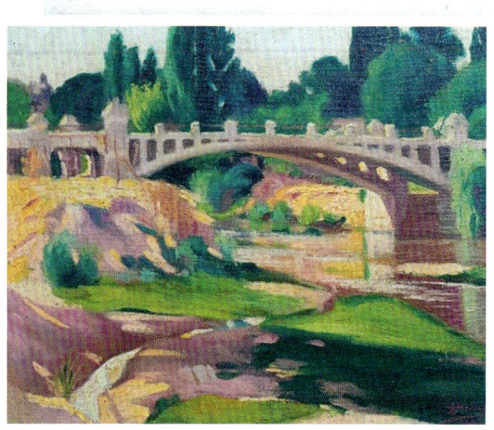

El puente. 1920. Óleo sobre lienzo.
49 x 60 cm. Colección particular.
Ciudad Real.

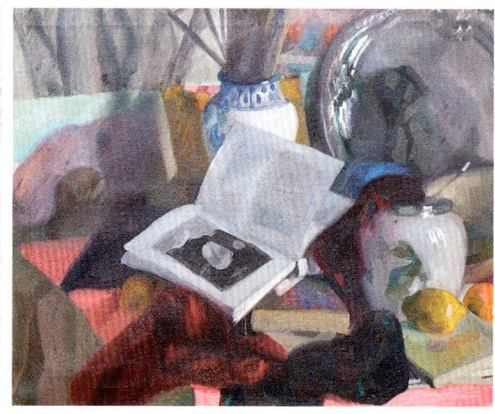

Bodegón. 1923 (aproximadamente).
Óleo 59 x 71 cm. Colección particular.
Ciudad Real.

Durante el tiempo que pasó en la *Real Academia de Bellas Artes de San Fernando* logró un gran dominio del dibujo y del color, destacando también por sus retratos.

En su estancia en Roma (1932-1936) y otras ciudades italianas (Florencia, Venecia, Arezzo, Siena, Asís y Padova) estudia el Renacimiento y hace bastantes cuadros sobre desnudos masculinos y femeninos, demostrando su gran conocimiento del cuerpo humano, su dominio del color y sus dotes como dibujante.

La *Segunda Etapa Pictórica* coincide con la Guerra Civil. Las escenas de sus cuadros reflejan el dramatismo y la crueldad de la vida diaria tanto en la vida cotidiana como en el frente de batalla. El colorido y la luminosidad de los cuadros se oscurecen para reflejar y transmitir la dureza de la situación y la tristeza.

La Tercera Etapa (1940 -1960) llamada de plenitud y postimpresionista, arranca con una obra excepcional como es *La Bella* (1943), donde destaca su dominio del color, sus dotes de dibujante y retratista junto a su destreza con la luminosidad. Es la etapa de plenitud pictórica, donde hace retratos a la burguesía madrileña y a la vez cuadros de mendigos, marginados sociales, escenas populares, oficios duros, músicos callejeros,

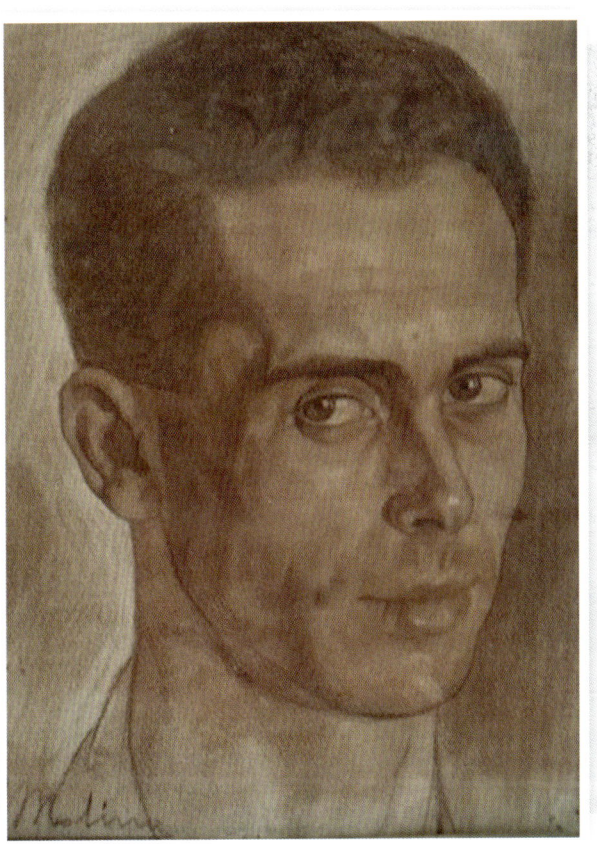

Retrato de Juan Ruiz. Sepia. Colección particular. Ciudad Real.

familias humildes y escenas de la vida cotidiana. Pretende mostrar la realidad de la sociedad de la posguerra A Molina no le es ajena la realidad social, las dificultades que tiene la gente para subsistir y nos lo pinta para que tengamos constancia de ello. Para tal fin, suele oscurecer el color para dar una sensación de tristeza y penuria en consonancia con las escenas que representa. *Los gitanos*, *Mendigo fumando*, *Marginación*, *Músicos populares*, *Grupo familia* y *En el interior del hogar*, son obras que reflejan lo anteriormente expuesto. Todo ello lo complementa con exquisitos retratos donde refleja la personalidad del retratado, con bodegones, naturalezas muertas y desnudos.

En 1944 presenta el óleo titulado *Mujer en amarillo* donde vuelve a demostrar el magnífico momento pictórico que está atravesando, llega a conseguir que creamos estar ante una fotografía en color de la mujer

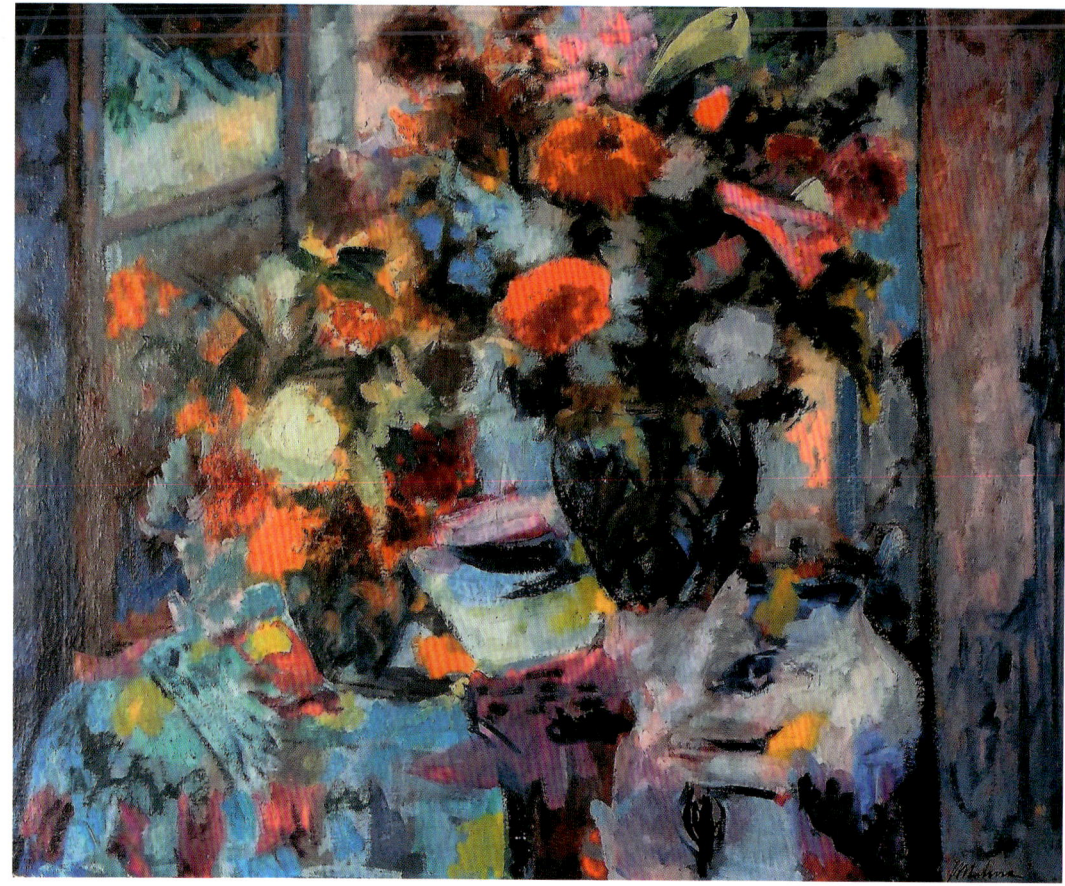

Adorno floral. 1965-1968. Óleo sobre lienzo. 90 x 113 cm. Colección particular.

por la perfección que logra en la luz, ropaje y conocimiento de la figura humana, con esta obra obtiene el *Premio Nacional de Pintura*. Otras obras del mismo estilo son *Raza celta* y *Flor de aurora*.

Los últimos años de su vida coinciden con *La cuarta Etapa Pictórica (1960-1968)*, hizo algunas composiciones abstractas a la vez que continuaba su etapa postimpresionista. Un hombre con unas ideas claras y unos sentimientos que afloran en su pintura no podía dejar de lado la Guerra de Vietnam y las atrocidades que en ella se cometían y hace algunos cuadros denunciando el horror de la guerra. Aunque hizo cuadros de pintura abstracta, que era la moda de esos momentos, Molina siguió fiel a su estilo pictórico.

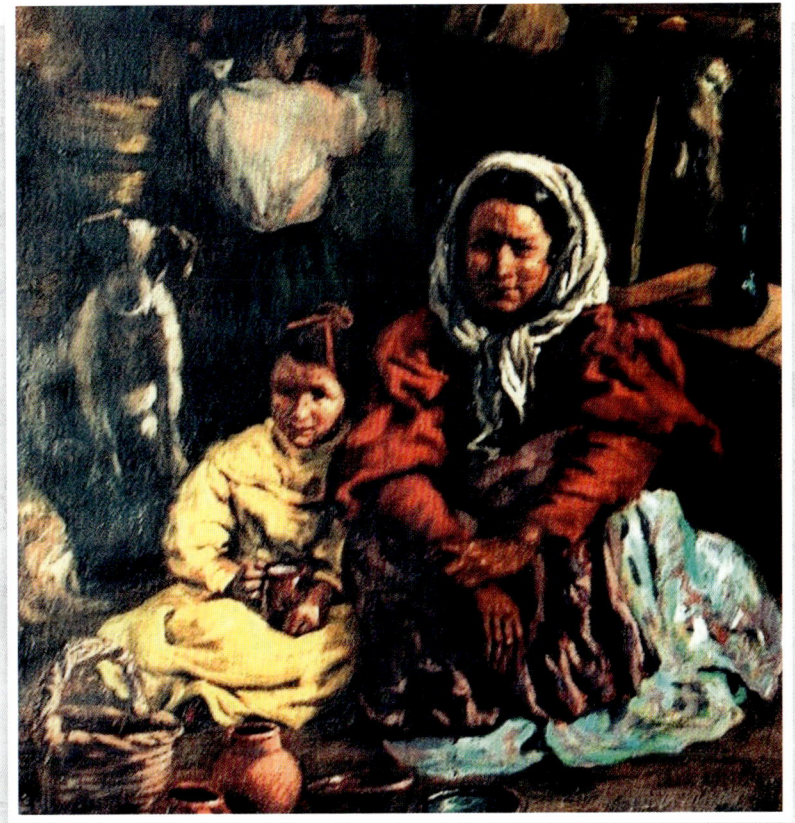

En el interior del hogar. Óleo sobre lienzo. Colección particular.

Santiago Argos, crítico de arte en el periódico *ABC*, comenta en 1963, que en los trabajos presentados por Molina en el *II Certamen Nacional de Artes Plásticas*, se le puede considerar un heredero del impresionismo español del siglo XVII. Continúa diciendo que en estos momentos se centra en los paisajes, bodegones, adornos florales; donde el color y la luminosidad se plasman de lleno.

Si tuviésemos que destacar un tema dentro de la pintura de Molina sería el dedicado a la mujer, siempre tratado con delicadeza, elegancia y aprecio. Hace numerosos retratos, desnudos, en distintas fases de la vida (joven, madurez, vejez), en diferentes situaciones existenciales (siesta, tumbada, tomando café, en el estudio del pintor, en un duelo, en escenas de guerra, protegiendo a sus hijos, meditando, cosiendo, en el hogar, frente al espejo, bailando, buscándose la vida, etc.).

1.3 Sus pinturas por el mundo

Su obra está muy repartida por todo el mundo en colecciones particulares de Nueva York y de otras ciudades de Estados Unidos, así como de París, Bruselas, La Haya, Buenos Aires, Montevideo, México, Lima, La Habana y en el museo de la universidad de Princeton (Nueva Jersey), aunque fundamentalmente está en España. Las obras de su primera etapa en Ciudad Real son reproducciones, bodegones, paisajes, retratos al carboncillo y al óleo. Están repartidas entre los descendientes de la familia Pérez Molina, ya que se las encargaban como medio de compensación económica que le daban a él. En el presente estudio hemos recogido las obras inéditas, que nos han facilitado, de D. Juan Pérez Serrano, D. José Pérez González y de Dª María de los Ángeles García Velasco (esposa del difunto Alfredo Pérez Serrano). Estos y otros familiares siguieron en contacto con Molina después de la Guerra Civil, y me cuentan que lo visitaban sus padres en la casa que tenía en la calle Alcalá de Madrid. Las pinturas que realizó para sus familiares, especialmente para D. Miguel Pérez Molina y su hermano José, se confeccionaron entre 1916 y 1930. A continuación, mostramos dos cuadros de paisajes y los titulados *El jardín* y *La primavera,* se pueden contemplar en el texto del profesor García-Luengo.

Según la documentación que me facilita Rafael E. Molina, su padre pintó en el *Museo de Reproducciones* una copia de *San Andrés* de Ribera y se la regaló a su tío Lorenzo Pérez Molina. Hizo también una copia de *La Dolorosa* de Murillo, que regaló a su tío José Pérez Molina y otra del *Divino Pastor* que se la dio a su tío D. Miguel Pérez Molina. Estas tres copias no sabemos en la actualidad qué familiares las tienen.

El Ministerio de Asuntos Exteriores posee varias copias de cuadros realizados por Molina, entre ellos están los siguientes:

- *Copia del retrato realizado por Bartolomé Bermejo a Isabel La Católica.* 1932-1935. 50 x 40 cm. Ministerio de Asuntos Exteriores y Cooperación.

- *Copia del retrato realizado por Tiziano a Felipe II.* 1932-1935. 90 x 80 cm. Ministerio de Asuntos Exteriores y Cooperación.

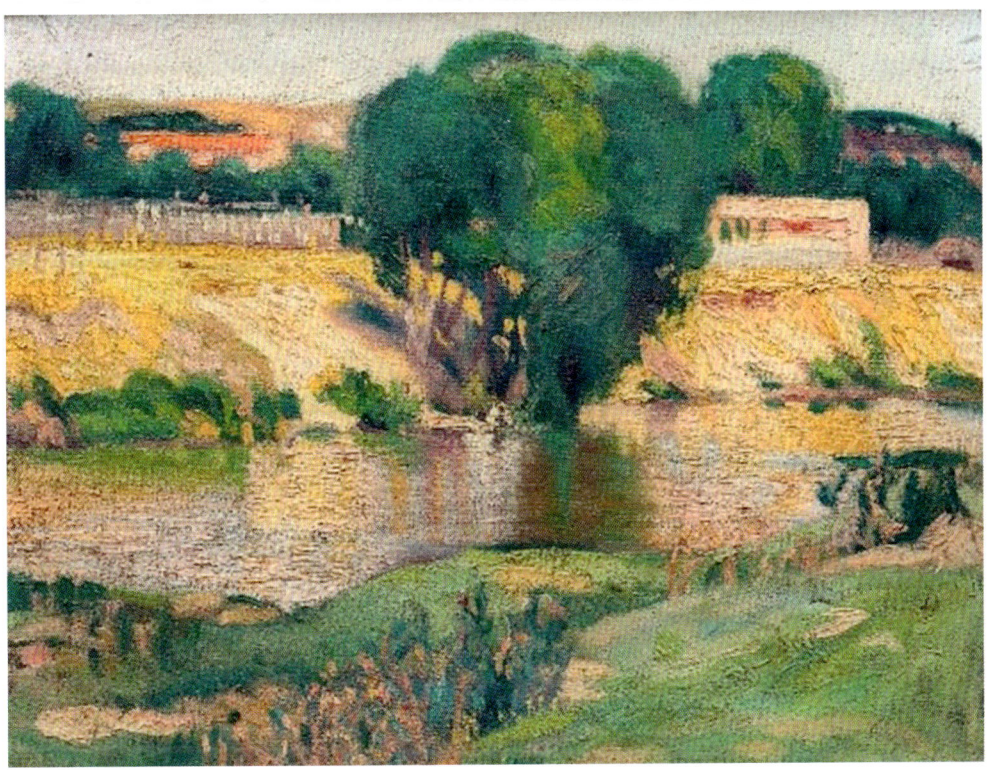

El río. 1920. Óleo sobre lienzo. 49 x 60 cm. Colección particular. Ciudad Real.

Hemos podido localizar dos copias más gracias a Juan Pérez Serrano y a José Pérez González, nietos de José Pérez Molina. Una de ellas es *Niños trepando a un árbol* de Goya y la otra *Los borrachos* de Velázquez.

Molina fue un excepcional copista a lo largo de su vida, de hecho, fue copista oficial del *Museo del Prado*. Allí le llamaban *El pequeño Goya*. A lo largo de su vida artística recibió numerosos encargos oficiales y particulares de copias.

Gracias a Rafael Molina hemos podido localizar obras de su padre en la Academia de Artillería de Segovia. Teniendo presente los contratos de encargo que en su día se realizaron, Molina hizo un total de cuatro obras para dicha institución. La primera se efectuó en los meses de noviembre y diciembre de 1946 en la cual se le encarga una copia del cuadro del Conde de Gazola, existente en el Museo del Ejército (Sala de Artillería).

53

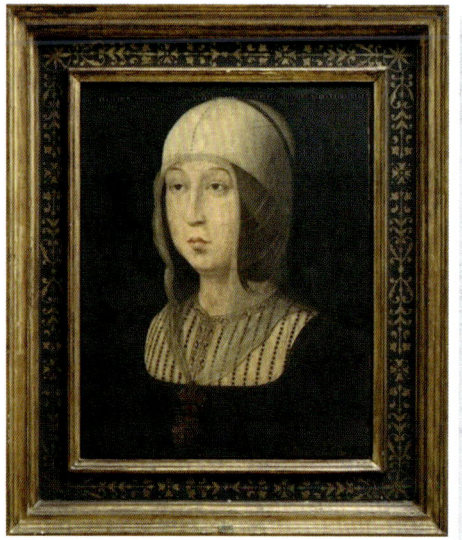

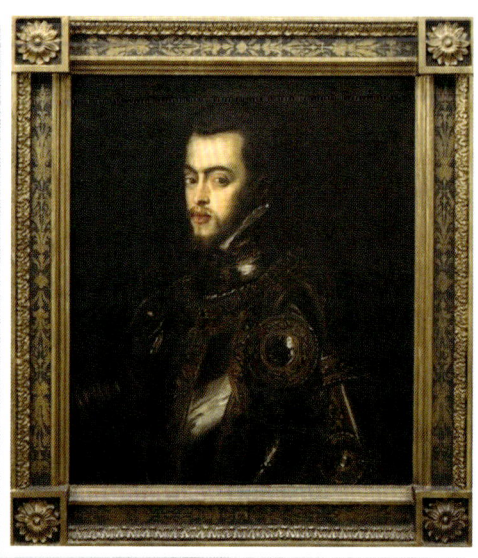

Copia del retrato realizado por
Bartolomé Bermejo a Isabel
La Católica. 1932-1935.
50 x 40 cm. Ministerio de Asuntos
Exteriores y Cooperación.

Copia del retrato realizado por Tiziano
a Felipe II. 1932-1935. 90 x 80 cm.
Ministerio de Asuntos Exteriores
y Cooperación.

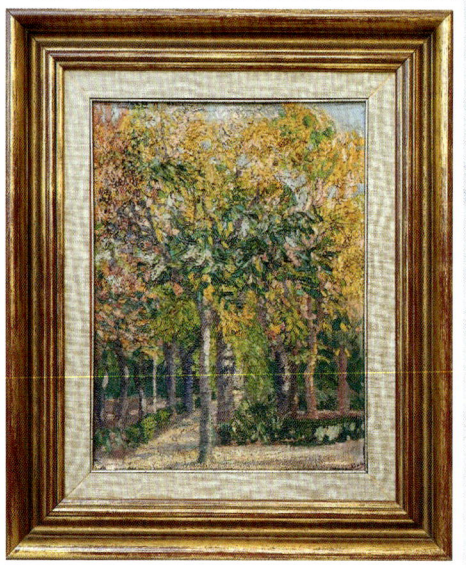

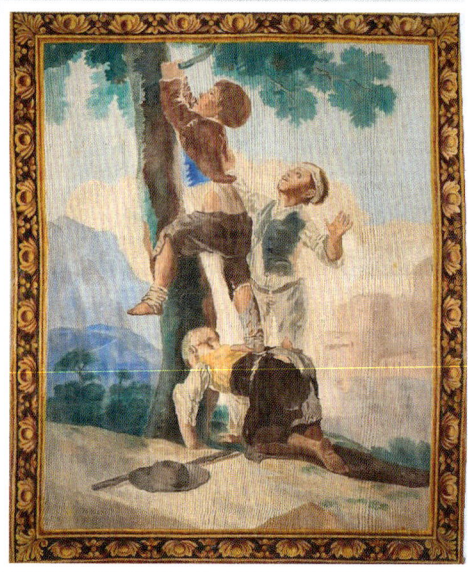

El otoño. Óleo sobre lienzo. 47 x 36 cm.
Colección particular. Ciudad Real.

Copia de Niños trepando a un árbol,
de Francisco de Goya. Óleo sobre lienzo.
153 x 129 cm. Colección particular.
Ciudad Real.

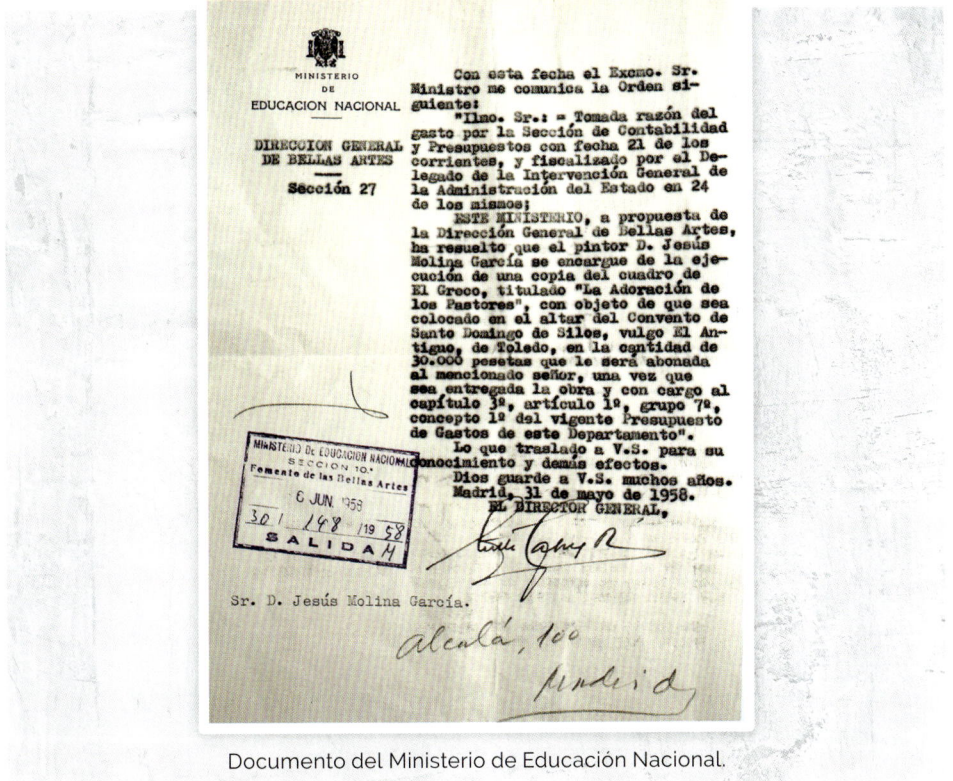

Documento del Ministerio de Educación Nacional.

La segunda obra fue una copia del retrato del general Francisco Ramírez de Madrid, existente en la Sala de Artillería del Museo del Ejército. En tercer lugar, se le encarga por parte del coronel de Artillería de la Academia un retrato del Generalísimo, el cual debe ir con el uniforme de Capitán General y sólo llevará colocada la Gran Cruz Laureada de San Fernando, dicho cuadro acabado lo llevará a la casa de Fernando Sotomayor y allí se hará cargo del mismo el coronel Director de la Academia. El citado retrato se expuso por primera vez en el Salón de Actos para el Baile de Santa Bárbara de 1948. La cuarta obra pictórica fue una copia del retrato del General López Domínguez, efectuada en 1950.

En el Museo del Ejército en el Alcázar de Toledo hemos localizado una magnífica copia de Molina del cuadro *La toma de Brisach por el duque de Feria* de Jusepe Leonardo. Además, hay dos copias de retratos de generales, una del Marqués de Castejón y otra del general Narváez, cuyo original está en el Palacio Real.

Otra gran cantidad de obras se encuentran en manos de particulares, especialmente los retratos que hacía a la burguesía madrileña y las obras que vendía en las Galerías de Arte y Exposiciones. Molina no tuvo marchante y por tanto se gestionaba él mismo las exposiciones y las ventas de sus propios cuadros. Al no tener marchante ni padrinos, nos comenta su hijo Rafael lo siguiente: "La mayoría de las veces que le he visto enfadado fue por los chanchullos que se hacían en los concursos. Por otra parte, siempre se negó a tener un marchante ni adular a nadie, creía que el arte por sí mismo se impondría a todo y en eso posiblemente se equivocó".

En lo que respecta al Estado y otras instituciones públicas, además del Museo de Arte Reina Sofía, podemos encontrarnos obras suyas en el Ministerio de Asuntos Exteriores, Ministerio de Trabajo y Seguridad Social, embajada de España en Sofía (Bulgaria), Consulado de España en San Juan de Puerto Rico, Consulado de España en Burdeos, Diputación de Alicante, Diputación de Zamora, Delegación del Gobierno en Madrid, Ayuntamiento de Linares, Ayuntamiento de Cerecinos del Campo, Academia de España en Roma, Círculo de Bellas Artes de Madrid, Instituto de Estudios Zamoranos y la Escuela de Artes y Oficios Artísticos de Ciudad Real.

En el Museo de Arte Reina Sofía de Madrid están las obras donadas por sus familiares, que estuvieron en el Pabellón de España en la Exposición Internacional de París de 1937 y las siguientes obras: *Desnudos* (óleo de 137,5 x 180 cm, pintado en Roma), *Desnudo* (óleo de 162 x 114 cm), *Baile* (óleo de 162 x 114 cm), *Bailarinas* (cera sobre papel, 51 x 61 cm), *Mujer en amarillo* (óleo, 151 x 90 cm), *La bella* (óleo, 105 x 82 cm) y *Músicos populares* (carboncillo sobre cartón, 62 x 52,5 cm). Todos ellos habían obtenido premios.

En la *Escuela de Artes y Oficios Artísticos de Ciudad Real*, hemos podido localizar, gracias a la colaboración de su director D. Pedro Lozano y de la jefa de estudios Dª Margarita Lozano, una obra inédita de su paso por ella, se trata de un carboncillo que representa a Dante, realizado cuando era alumno de la misma y que se conserva y está expuesto en dicha Escuela. Cuando Molina dibuja este cuadro tiene trece años. Dicho dibujo queda expuesto en el texto del profesor García-Luengo.

Recientemente, su hijo Rafael ha conseguido localizar una obra pictórica de su padre en el museo de la Universidad de Princeton (New Jersey) titulada *Sanfermines* y gentilmente facilitada por dicha universidad. Esta magnífica obra fue realizada por su padre y enviada a dicha universidad de la mano de Enrique Tierno Galván, que allí estuvo de profesor durante 1966 y 1967.

1.4 Homenajes póstumos

Después de su muerte se le han hecho varios homenajes póstumos. El primero de ellos se realizó en 1968 y fue organizado por el *Club Pueblo* en Madrid. El segundo se organiza en 1973, tratándose de una Exposición Homenaje en la *Galería Rojo y Negro* de Madrid.

Será en 1987 cuando se expone en el *Museo Nacional Centro de Arte Reina Sofía*, en el *Museo Nacional de Arte de Cataluña* y en otras ciudades de España una exposición sobre las obras encontradas que estuvieron en el Pabellón Español de la Exposición Internacional de 1937 en París.

En 1998 se expone en Roma *Mito, modernidad y vanguardia. Pintores pensionados de la Academia de España, 1900-1936.*

En su provincia natal se realiza la exposición *Cien años de arte en Zamora*, patrocinada por la Excelentísima Diputación Provincial.

En el año 2006 se hace una magnífica Exposición homenaje a Jesús Molina, patrocinado por Caja España, que recorrió de forma itinerante las provincias de Zamora, Palencia, Valladolid y León. Su título: *Vivir una idea.*

Cristina Fanjul escribe un extraordinario artículo periodístico en el *Diario de León* (2-7-2006) titulado *La memoria perdida de un artista olvidado* en el cual hace un análisis de la obra realizada por Molina, con motivo de la exposición que se va a realizar en León y patrocinada por Caja España.

Su pueblo natal, Cerecinos del Campo, le hace un homenaje en el verano del 2007 en el cual la Corporación Municipal decide poner su nombre

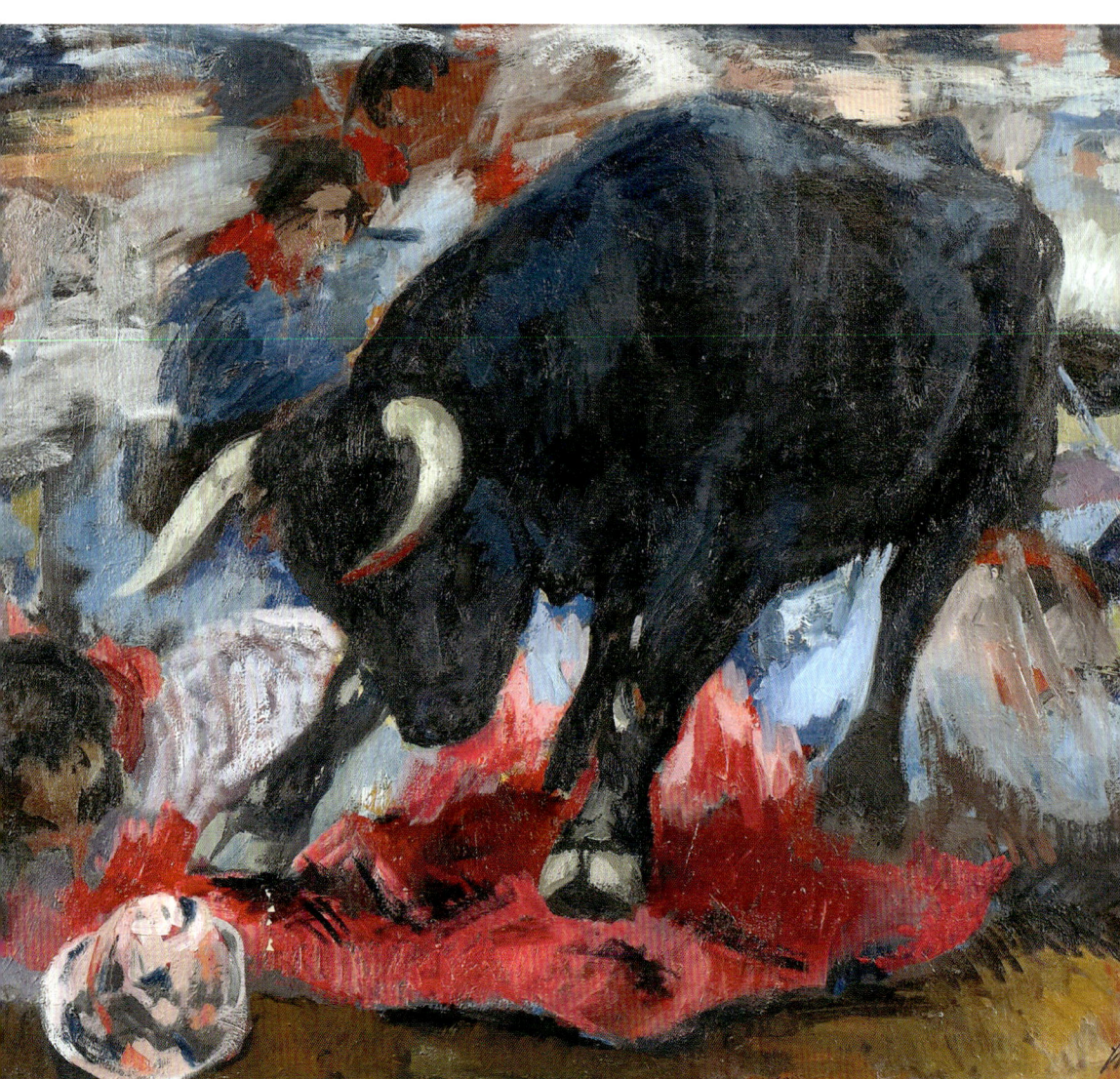

Sanfermines. Óleo sobre lienzo. 98,3 x 127,5 cm.
Museo de la Universidad de Princeton (New Jersey), Estados Unidos.

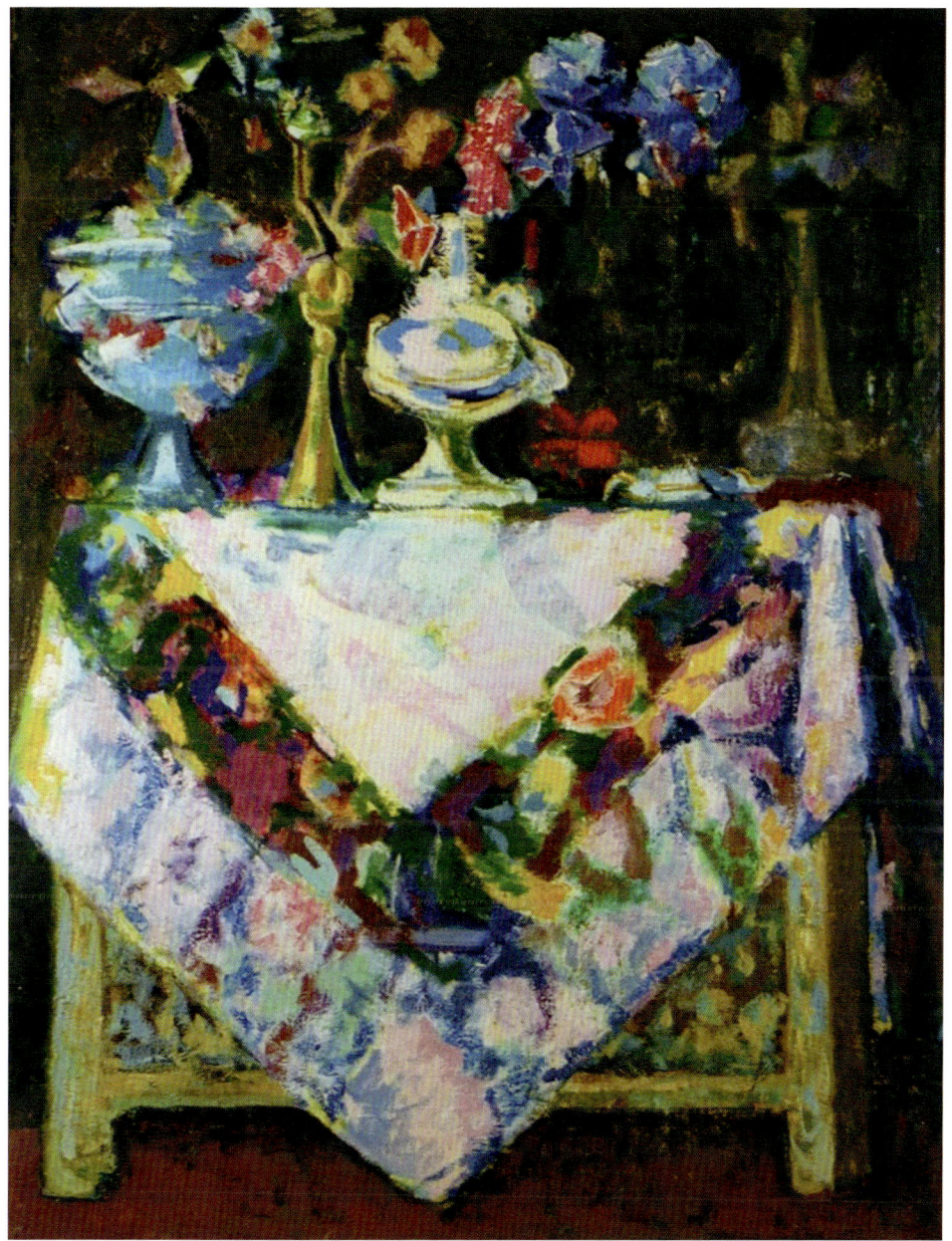

Homenaje a Stravinsky. Óleo sobre lienzo (116x98).

a un Centro Sociocultural y los hijos del pintor donan al ayuntamiento el cuadro *El tío moreno* pintado por su padre en 1953.

La Galería de Arte *Espacio 36* hace una exposición en 2008 con el título *Jesús Molina*.

La *Asociación de Amigos del Museo Provincial de Ciudad Real* organiza un ciclo de conferencias sobre *Arte, estética y pintores de La Mancha* patrocinado por la Consejería de Educación, Cultura y Deportes. La tercera de ellas fue impartida por el profesor Vicente Palomares sobre el pintor Jesús Molina en el Museo de la Merced el día 18 de octubre de 2018. El diario *La Tribuna de Ciudad Real* se hace eco del homenaje que se está dando al citado pintor y publica el día 27 un artículo firmado por el periodista Diego Farto, titulado *Jesús Molina vuelve a ser de Ciudad Real*, en el cual se da cuenta de su vinculación con la ciudad, de sus lazos familiares y de su obra general, así como la que ha sido localizada por el conferenciante en la ciudad. A dicha conferencia asistieron sus familiares de Ciudad Real y Madrid.

Con nuestra publicación pretendemos recordarle, darle un homenaje como se merece y poner a disposición de todos los manchegos y españoles las obras pictóricas inéditas, que nadie ha podido ver excepto los descendientes de la familia Pérez Molina y amistades suyas. Nuestro deseo es que toda España sea partícipe de la gran obra de Jesús Molina, la que se conocía y la que nosotros hemos sacado a la luz.

Notas

1 Esta Escuela se creó en 1911, siendo alcalde D. Ceferino Sauco, en la calle de la Mata dando esquina a la calle Alcántara. Su primer director fue el corraleño Feliciano Martín Cañamero. Por esta institución pasaron artistas como Juan D´Opazo, Felipe García Coronado, Jerónimo López-Salazar, Antonio Guijarro, Joaquín García Donaire, Manuel López- Villaseñor, Antonio López Torres y Francisco Vela Siller, entre otros.

2 Carmen López-Salazar y Javier Herrero. *100 años de Escuela de Artes. Ciudad Real 1911-2011*. BAM. Diputación de Ciudad Real, 2011, p.36 y 37.

3 El pintor ciudadrealeño Ángel Andrade Blázquez (1866-1932), estudió en la Escuela de Artes de San Fernando gracias a una beca de la Diputación de Ciudad Real. Posteriormente la Diputación le dará una beca para que haga un viaje de estudios a Italia. Realizó varios lienzos que decoran diferentes partes de la Diputación. A partir de 1894 vive en Madrid y hace amistad con Sorolla, en estos años obtiene premios en la Exposición Nacional de Pintura y gana una beca de cuatro años para estudiar en la Academia Española de Roma. En 1899 gana la cátedra de profesor de dibujo para Instituto, y en 1915 viene a Ciudad Real de profesor. Además de profesor, dará clases particulares, decora las casas de los Ayala y Medrano y hace retratos por encargo. Su obra está en manos de particulares, Museo Provincial de Ciudad Real y en la Diputación. Más información en *Diccionario de Arte del siglo XX en la provincia de Ciudad Real*. Gianna Prodan. BAM de la Diputación de Ciudad Real, 1997, pp. 37-41.

4 D. Miguel Pérez Molina (1868-1939), licenciado en ciencias físico-matemáticas, fue el fundador de la Academia General de Enseñanza en 1895. Estaba situada en el lugar que hoy ocupa el Museo Provincial y se basaba en los principios educativos de la Institución Libre de Enseñanza. Por ella pasaron innumerables alumnos/as y profesores de toda la provincia y España, entre ellos Cirilo del Rio, Amadeo Poisat, Eugenio Klink, Julián Alonso, Francisco Pérez Fernández, Rafael Fisac, Carlos Calatayud, Antonio Ballester y Emilio Bernabeu, entre otros. Fue alcalde los años 1912 y 1913, trayendo el agua potable a la capital y fomentando la instrucción pública. Jefe del Partido liberal y gran amigo de José Castillejo, del general Aguilera, José Cruz Prado y de Rafael Gasset. Ver más en Vicente Palomares García. *Miguel Pérez Molina y la Academia General de Enseñanza de Ciudad Real*. BAM de la Diputación de Ciudad Real, 2018.

5 Miguel Cabañas Bravo. "Jesús Molina y el ingrediente italiano en el arte de nuestro siglo de plata", en Eduardo Aguirre Moreno (Comisario): *Jesús Molina. Vivir una idea (1903-1968)*, León, Caja España, 2006, p.98.

6 El pintor y dibujante Gregorio Prieto Muñoz (1897-1992) nació en Valdepeñas. Estudió en la Academia de Bellas Artes de San Fernando en Madrid. Tuvo una beca en 1918 para la Escuela de Pintores Paisajistas en El Paular (Segovia). Conoció a la mayoría de los miembros de la Generación del 27. En 1928 obtiene una beca para realizar estudios en la Academia de España en Roma y está allí desde 1928 hasta 1932. Participa en exposiciones por varias ciudades españolas y europeas. A lo largo de su vida obtuvo numerosos premios en exposiciones de nacionales y extranjeras.

7 Margarita Alonso Campoy. "La Academia española de Bellas Artes en Roma y la promoción de 1934: Fragmentos de Vida", en Jorge García Sánchez (coordinador): *El arquitecto José Ignacio Hervada (1902-1949)*. Real Academia de Bellas Artes de San Fernando. Madrid, 2013, p.49.

8 Jesús Molina escribe unos diarios desde 1935 a 1939, en ellos relata su vida diaria en Roma y en la Guerra Civil Española. Son de extraordinario valor humano y testimonial de la época, parte de ellos están publicados en *Jesús Molina. Vivir una idea (1903-1968)*. Eduardo Aguirre Moreno (Comisario). Edita Caja España. León, 2006, pp. 290-317.

9 Jesús Molina. *Vivir una idea (1903-1968)*, op. cit. 2006, p.113.

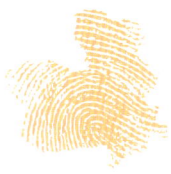

2. Los diarios de guerra del pintor Jesús Molina (1936-1939)

FRANCISCO ALÍA MIRANDA

2.1 Introducción

En noviembre de 2022, los hijos de Jesús Molina García y legítimos herederos de su difunto padre, Rafael Enrique y María Ascensión Molina Fernández, me proporcionaron una transcripción de los *Diarios de Guerra* del afamado pintor, escritos día tras día entre 1936 y 1939, con el fin de poder estudiarlos en el contexto histórico en el que fueron creados[1]. Todo un orgullo para mí que no merece más que agradecimiento tanto por haberme facilitado un documento de gran valor, inédito, único e íntimo, como por la generosidad hacia ellos al querer que se conozca el testimonio de su padre durante un período tan complicado y conflictivo como el de la Guerra Civil española (1936-1939) y se reivindique la importante obra realizada durante ella, la mayor parte al servicio del Ministerio de Instrucción Pública y Bellas Artes del gobierno de la Segunda República. Durante la dictadura franquista continuará trabajando incesantemente y será cuando le lleguen los principales reconocimientos, especialmente el Premio Nacional de Pintura (1944). A pesar de este galardón, se trata de un personaje mucho más olvidado de lo que su obra y vida merecen.

El pintor Jesús Molina (1903-1968) vivió todo el conflicto bélico en Madrid, que permaneció fiel al régimen republicano durante toda la guerra. En estos diarios muestra sus inquietudes políticas, su visión del arte, su difícil subsistencia y otras muchas cuestiones que nos sirven para poder comprender a través de una fuente primaria y original algo más de la Guerra Civil española, período sobre el que hay numerosas publicaciones, pero no siempre basadas en aportaciones inéditas de relevancia científica. La perspectiva personal que nos ofrece el autor viene a constituir un buen complemento para el conocimiento que tenemos de estos y otros asuntos relacionados con el conflicto bélico a partir de las fuentes generadas por los organismos oficiales conservadas en los archivos, la prensa del momento o la bibliografía especializada, entre otras muchas.

El autor recogía cada noche sus impresiones del día, desde el comienzo de la guerra hasta el final. La evolución cronológica permite comprender cómo va variando su manera de entender la guerra y el arte y observar las dificultades que van creciendo día a día para realizar su trabajo y mantener su propia subsistencia. Conforme va pasando el tiempo, las anotaciones diarias se muestran más parcas, faltando incluso anotaciones durante muchos días en el tramo final de la guerra. Quizá la propia monotonía de la retaguardia, la desilusión por el desarrollo del conflicto o el hambre y el frío le impedían escribir algo nuevo. Pero, en conjunto, se trata de un valiosísimo testimonio que nos permite conocer y comprender aspectos de gran interés de la guerra y de su propia obra, porque no paró de pintar en estos años a pesar de las complicaciones, como la carencia de materiales, las duras condiciones meteorológicas, la escasez de alimentos, el constante sonido de cañones y ametralladoras, los frecuentes bombardeos, la muerte de su hermano o la lejanía de sus padres, principalmente.

Jesús Molina recibió al régimen de la Segunda República el 14 de abril de 1931 con alborozo. Durante este período vivió los mejores años de su vida, como recordaba en su sexto aniversario: "Hoy hace seis años que se proclamó la República. ¡Cuántas cosas han sucedido en este tiempo transcurrido! Fue la mejor época de mi vida. Viajé por parte de Europa, viví mucho tiempo en Italia y trabajé y estudié como siempre lo había deseado. Aprendí mucho para saber que sabía poco y esto me proporcionaba el placer de seguir aprendiendo y estudiando".

En 1932 fue pensionado por el Ministerio de Instrucción Pública para perfeccionar sus estudios en la Academia de España en Roma. Esta prestigiosa institución cultural fue fundada en 1873, durante la Primera República, presidida por Nicolás Salmerón. Nació para "fomentar el genio nacional ofreciendo a nuestros artistas algún campo de estudio, algún lugar de recogimiento y de ensayo, en la ciudad que será eternamente la metrópoli del arte, en Roma", según decía su acta fundacional. Para ello facilitaba becas a los jóvenes artistas españoles, que tenían la posibilidad de aprender del reconocido profesorado del centro y de la experiencia con otros pensionados. Se trató de una iniciativa tan interesante que luego influyó en instituciones de tanta trascendencia como la Junta de Ampliación de Estudios o la Institución Libre de Enseñanza, que intentaban poner en contacto a los jóvenes artistas, intelectuales y estudiantes españoles con otros del mundo para enriquecer su conocimiento y dar mayor prestigio a nuestra cultura con una dimensión internacional.

La pensión de Roma finalizó el 25 de agosto de 1936. Solicitó la prórroga y le fue concedida, pero al mes siguiente el gobierno suspendió las pensiones en el extranjero. El 12 de agosto de 1939, una vez terminado el conflicto, escribía en sus diarios con enorme satisfacción la noticia de la continuación de su pensión: "Esta mañana me han entregado el oficio que me da la grata noticia de la ratificación de mi prórroga de pensionado en Roma, suspendida. Haré de esta pequeña cantidad, desde el presente, el monolito de mi vida económica futura. Ya me siento con nuevas fuerzas y las ideas me vienen con riqueza de formas y belleza. No se puede crear en la miseria".

Tras iniciar sus estudios en Italia pudo sentirse un artista privilegiado por la oportunidad que se le había concedido para conocer otro país, a numerosos artistas y el gran valor del arte, a diferencia de lo que sucedía en España. Aquí, escribirá días antes de comenzar la guerra, "nadie o casi nadie, se ocupa de las Bellas Artes y el ambiente es más bien hostil". Este ambiente se acentuaba hacia aquellos "privilegiados" que hacían su carrera en el extranjero. Al volver percibían un gran recelo y envidia entre sus propios compañeros. El arte, para él, "no puede ser patrimonio de imbéciles y cretinos". Italia y su mundo le cambió como artista y como persona, sin duda, adquiriendo una visión más trascendental y cosmopolita tanto del arte como de la vida.

El 11 de junio de 1936 llegó a Madrid procedente de Roma para participar en la Exposición Nacional de Bellas Artes con dos obras: *Jugadores Olímpicos* o *Atletas* e *Interior*. También para disfrutar de las vacaciones veraniegas junto a sus padres y hermanos. No podía imaginarse lo que estaba a punto de empezar. O a lo mejor sí.

2.2 La Guerra Civil: de la euforia a la tragedia

La verdad es que a pocos españoles les sorprendió el golpe de Estado que comenzó en Melilla el 17 de julio de 1936 y se extendió por la península a partir del día siguiente. Una parte del Ejército venía conspirando desde años antes, aunque fue tras la victoria de la candidatura del Frente Popular en las elecciones del 16 de febrero de 1936 cuando comenzaron a asentar con base firme la conspiración, que adquirió un renovado impulso bajo la dirección del general Emilio Mola desde finales de abril. El *director*, como se auto tituló, tejió una amplia red de colaboradores por todas las provincias, cuerpos y unidades militares, básicamente formada por los militantes de la Unión Militar Española (UME), asociación que agrupaba a muchos militares en activo opuestos al gobierno de la República y a reservistas de la ley de Azaña de 1931.

Mientras, algunos líderes políticos denunciaban públicamente la conspiración y la pasividad del gobierno ante ella. En la celebración del primero de mayo en Cuenca, Indalecio Prieto, diputado y líder socialista, habló en su discurso sobre la existencia de la conspiración militar. Antes de pasar a la esfera pública intentó anunciárselo al presidente Manuel Azaña en la esfera privada, pero sin éxito, como amargamente se quejaba aún en un escrito de 1949, cuando recopilaba sus recuerdos. Primero se lo comunicó confidencialmente al presidente de la República: "Notaba yo el enojo que le producían mis advertencias, pero me sentía obligado a soportarlo. Sólo les puse término una tarde, cuando, en el despacho de ministros del Congreso, el presidente del Consejo, no pudiendo contener su enfado, me dijo con desabrimiento: *Deje de fastidiarme. Lo que usted se imagina es producto de la menopausia.* No volví a visitarle hasta el 17 de julio"[2].

El 27 de junio de 1936, el Estado Mayor Central del Ejército enviaba a todas las divisiones militares, antiguas capitanías, un escrito "confidencial y muy reservado" alertando de la preparación de la sublevación:

> *Se tienen noticias en esta Sección de un inmediato movimiento militar, similar al del 10 de agosto, por la proximidad del día 29 del actual, fecha para la cual estaba anunciado uno violento de izquierdas. Con respecto a este movimiento de izquierdas, no hay noticias algunas que permite creer en su realización, y así mismo se sabe que entre los elementos de extrema derecha se observa marcada agitación y cierta actividad que acusa la preparación de algún movimiento, probablemente, contra el régimen y que al parecer su iniciación partirá de provincias, o tal vez de África. La noticia solo debe tomarse como aviso que evite sorpresas*[3].

Otros no sólo hablaban o escribían, sino que actuaban. La Unión Militar Republicana Antifascista (UMRA), asociación que agrupaba a militares comprometidos con el régimen republicano, comenzó una intensa actividad dentro de los cuarteles desde la primavera para neutralizar tanto al proselitismo de la UME como a los conspiradores. También la actividad del Partido Comunista y de las Juventudes Socialistas Unificadas se intensificó para prevenir el levantamiento militar, movilizando en julio a muchos afiliados día y noche en algunas de sus sedes "en previsión de una posible sublevación fascista"[4].

La sublevación militar estalló en Melilla en la tarde del 17 de julio, protagonizada por el Ejército de África, el más preparado y el que mejores medios tenía de todas las fuerzas militares españolas. De cincuenta provincias existentes en 1936, más Ceuta y Melilla, principales posesiones del Norte de África, en treinta vencieron los sublevados, en once fracasaron y en otras once no hubo ningún tipo de movimiento, por la indecisión a última hora de los jefes militares, porque no entraba en sus planes o porque las autoridades civiles dominaron la situación. La República controlaba en estos primeros instantes a unos trece millones de habitantes frente a once los sublevados.

Al cabo de una semana de enfrentamientos en gran parte del territorio español, los militares sublevados no lograron su objetivo, la conquista rápida del poder, pero tampoco habían fracasado. Esta situación equilibrada fue la que convirtió el golpe de Estado en guerra civil. El pueblo contaba con los ingredientes necesarios para hacer frente a los rebeldes: entusiasmo y armas. El Gobierno había decidido, a pesar de las reticencias iniciales, armar a las masas populares.

Una vez comenzada la guerra, Jesús Molina realiza la primera anotación en su diario el 19 de julio. Esa mañana se había producido el levantamiento del Regimiento de Infantería número 4, con sede en el cuartel de la Montaña. A mediodía entró el general Joaquín Fanjul vestido de paisano, en compañía de su hijo, para liderar la sublevación. Se puso el uniforme de general y se dirigió a los jefes, oficiales y suboficiales y posteriormente redactó un bando en el que se limitaba a declarar el estado de guerra "en nombre del ejército español, para salvar de la ignominia a España"[5]. Se formó una compañía para salir a publicarlo, pero no pudo hacerlo por la presión popular en el exterior. El cuartel quedó cercado con un millar de militares y ciento ochenta y seis falangistas en su interior.

Sobre las siete de la tarde sonó el primer disparo. Entonces comenzó el sitio del cuartel, con las milicias, la Guardia Civil y la Guardia de Asalto rodeando el edificio. "La expectación que había era enorme, parecía que todo el pueblo de Madrid estaba concentrado allí, para impedir que triunfasen los militares concentrados en el cuartel"[6], decía la declaración de un miliciano comunista que participó en el asedio. El general Fanjul esperaba la llegada inminente de las fuerzas del general Miguel García de la Herrán, que se había apoderado del campamento de Carabanchel. En la noche del mismo día 19, ante el avance de una columna de soldados de aviación y de ferrocarriles con apoyo de cañones, las tropas sublevadas de García de Herranz se entregaron. Fanjul se quedó solo y sus tropas sitiadas. De madrugada, Fanjul rindió sus tropas y fue hecho prisionero. A las once y cuarto de la mañana del día 20 fue notificada oficialmente la toma del cuartel de la Montaña:

Por las fuerzas leales y milicias armadas ha sido tomado el cuartel de la Montaña, que era el más firme reducto que tenían los rebeldes en Madrid, al mando del general Fanjul. La República ha triunfado. ¡Viva la República![7].

Posteriormente fueron reducidos los demás conatos de sublevación en el entorno de la capital. Madrid había vencido a los sublevados gracias a gran parte del Ejército que había permanecido leal y a la decidida actitud de las organizaciones obreras.

Molina, con fiebre en la cama, pudo oír descargas de fusilería y cañones en torno al cuartel de la Montaña. Desde el primer momento muestra una gran euforia hacia el bando republicano, pensando que su incuestionable victoria traerá un nuevo país y un mejor futuro para todos: "vivimos momentos de vida nueva y que esta fisionomía traerá nueva luz y primaveras llenas de belleza aún no conocidas". Tiene claro que ya nunca volverá la España de antes de la guerra, ahora todo es esperanza para cambiar toda la historia: "España en unos días ha cambiado su fisonomía. Es un pueblo que tenía centenares de años de dolor sobre sus espaldas". Durante los primeros meses son habituales sus reflexiones eufóricas. A finales de agosto escribe: "creo en el gran triunfo y en una España nueva que dará nuevos horizontes de cultura al mundo. Creo en el pueblo y en su poder invencible".

El pintor manifiesta una enorme emoción al contemplar el regreso victorioso de los milicianos que luchan los primeros días por los frentes cercanos a Madrid, como Alcalá de Henares, Guadalajara y Toledo. La madrugada del día 21 de julio llegó la noticia de que algo especial ocurría en Alcalá de Henares. El Gobierno acudió con suma rapidez enviando allí Guardia Civil, tropas de Asalto y milicias al mando del coronel Ildefonso Puigdengolas para sofocar la revuelta. Cuatro aviones del Ejército

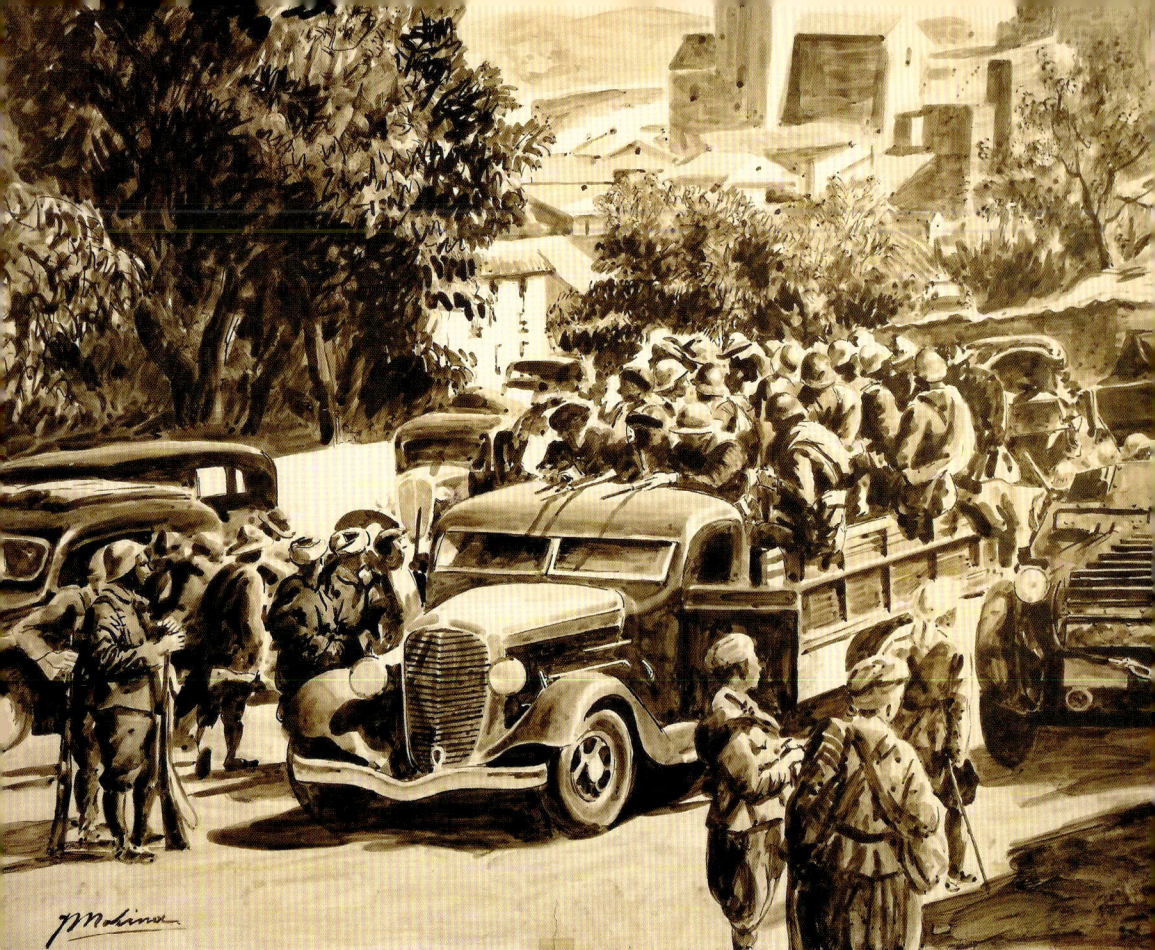

Hacia el frente. Acuarela. 52 x 67 cm. Colección particular.

bombardearon los cuarteles. Alcalá se rindió. A las doce y media de la mañana, el Ejecutivo hizo pública la nota informativa de la rendición:

En este momento, la columna de fuerzas leales que había sido enviada por el Gobierno para someter a los sublevados en Alcalá de Henares, ha entrado victoriosa en dicha ciudad. La Artillería y Aviación han coopera-do eficaz e intensamente. Los rebeldes se habían fortificado en el Ayunta-miento, iglesia de Santa María y Catedral. Las tropas leales hicieron a los rebeldes bajas de importancia, apoderándose de los fusiles y ametrallado-ras que habían emplazado en las torres de los citados edificios[8].

El 22 de julio, la alegría popular se desbordó en Madrid por los éxitos en Toledo y Guadalajara, a las puertas de la propia capital de la Repú-blica, como reconocía la prensa:

En el día de ayer continuó aumentando el optimismo oficial y particular por consecuencia de las noticias favorables a los defensores de la República y de la libertad.

A primeras horas de la noche, la alegría de los triunfos obtenidos sobre los sediciosos se desbordó en la Puerta del Sol. Alrededor de las nueve de la noche llegaron en varios coches y autocares los heroicos participantes en los rendimientos de Toledo y Guadalajara. Con aire triunfal desfilaron frente a Gobernación, y al interpretar el himno nacional una banda de música que acompañaba a las columnas victoriosas, el entusiasmo y el fervor republicano estallaron en forma de estruendosas ovaciones al Gobierno y a la fuerza pública con las milicias populares. (…).

Durante gran parte de la tarde las bandas de los regimientos 1 y 2 circularon por las vías más importantes de Madrid tocando el himno nacional, seguida de un gran gentío, que daba frenéticos vivas a la República[9].

Molina reverencia también a los héroes "que luchan por la libertad de todos". Los desfiles los vive con pasión, como "verdadero espectáculo del pueblo". Proclama abiertamente "Odio eterno para los provocadores de la guerra y para todos sus descendientes". Se encuentra ampliamente imbuido del optimismo de autoridades civiles y militares, que creen en una rápida victoria frente a los militares rebeldes. Pero la guerra toma una evolución muy distinta a los pocos meses.

Con el paso del tiempo, sus diarios van evidenciando un cambio de tono, tras un período marcado, según sus propias palabras, por una crisis de contrariedades y confusión. En abril de 1937 se muestra muy crítico con las autoridades republicanas: "Hoy en día España está deshecha por la pésima gobernación de los putrefactos que la dirigen y la dirigieron. Jamás encontré entre los hombres más miserias y desigualdades que los que hoy hay en este desdichado país. Unos dan su sangre y su vida, los otros llenan su bolsillo y su estómago". Pocos meses después sentencia: "Lo que no se puede dudar es la realidad que nos envuelve con cara de caos".

La crítica feroz se extiende en mayor grado hacia la retaguardia, que para él deja mucho que desear. En diciembre de 1936 escribió: "Sin embargo, presencio diariamente algo que es tan horrible como los

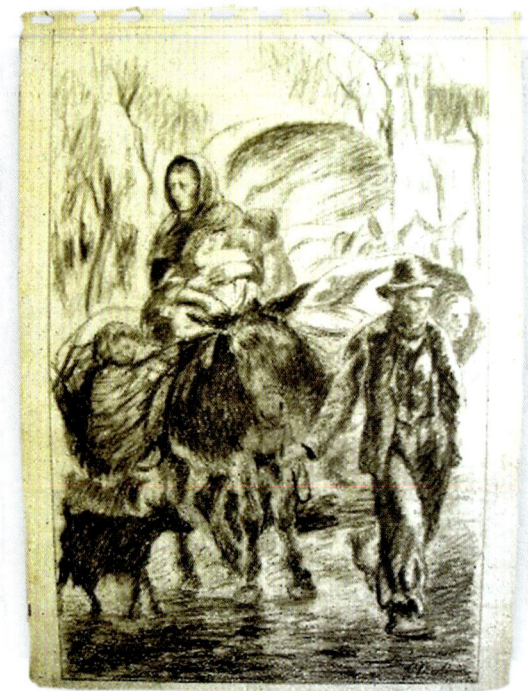

Huida familiar. 1936-1937.
Lápiz sobre papel.
36,5 x 27 cm.
Colección particular.

bombardeos, y es la indisciplina, la ambición, la envidia que pisotea y el sectarismo de los que poseen un carnet sindical o de partido. Así es muy difícil llegar lejos". La situación fue empeorando. En octubre de 1937 escribe con gran desgarro sus tristes impresiones del momento: "He visto por la calle a mucha gentuza. La retaguardia está plagada de canallas y truhanes vestidos de personas; revolucionarios hambrientos de poder; ineptos que con ayuda de un carnet trepan a costa de la sangre y sacrificio de los mejores, otros que vivieron siempre del engaño y que además tienen su cobardía detrás de un enchufe más o menos *grueso*".

Al mes siguiente continúa: "Sin duda alguna la democracia no está hecha para todo el mundo. Este pueblo español, donde yo nací, tiene la enorme desgracia de no conocer las formas, ni de saber dónde empieza el derecho para con el deber; su falta de la más elemental educación le hace parecer la más de las veces un pueblo de…, confunde el libertinaje con la libertad, el deber con el derecho y viceversa, y esto le hace cometer una infinidad de actos reprobables, los cuales restan valor al pequeño resto de ciudadanos dignos de toda consideración y buen juicio".

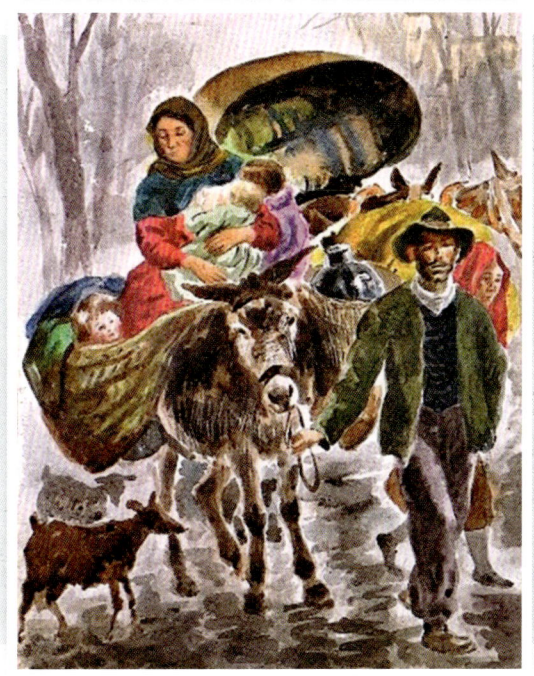

Huida familiar. 1936-1937.
Acuarela sobre papel.
36,5 x 27 cm.
Colección particular.

Al cumplirse dos años de la sublevación escribe: "Dos años de guerra… el suelo patrio se empobrece, la economía se derrumba y las plagas de sinvergüenzas, putas y gentes soeces sin la menor idea de educación y respeto aumentan en número alarmante. Todo el mundo quiere mandar y opinar de todo, y así marchamos… Los que se titulan forjadores de la victoria son también del partido de los que no se equivocan, sobre todo en abastecer su casa y procurarse tres sueldos".

Esta vida alegre que denuncia en Madrid se daba en la mayor parte de la retaguardia republicana. En sus visitas esporádicas a Valencia y Ciudad Real, donde viajó para asuntos oficiales en el Ministerio de Instrucción Pública y Bellas Artes en la primera, y para visitar a parte de su familia en la segunda, lo pudo comprobar en persona. Sobre Valencia escribe: "aquí no se vive la realidad española. La vida de esta ciudad está fuera de la tragedia de España. Los cafés están llenos, los espectáculos están abiertos y llenos de público y la gente se divierte. Y, ¡oh ironía! Se habla de revolución al mismo tiempo que la gente invade los lugares de recreo".

En Ciudad Real se trabajaba poco de día y se divertía mucho de noche, como decía la prensa: "La primera impresión que recibe quien llega de algún frente de combate –de eso que la técnica militar llama geométricamente primera línea– a nuestra ciudad, es de que aquí las gentes viven *de espaldas a la guerra*. Como si la guerra no existiese o no fuera con ellas". La gente hacía su vida normal: "Duerme en su cama de siempre, come, *trabaja* sus horas de costumbre, toma su café, se asoma al sol, se da un paseíto de placer para aprovecharlo, charla y opina con los amigos, sin quebrarse demasiado la cabeza en discusiones, alterna, en fin, y luego termina en el cine –porque acaso llueve y *no hay adónde ir*–. Una vez en él, sigue con todos sus sentidos las incidencias de una estúpida película burguesa –*La Viuda Alegre*, pongo por caso–, la cual, aunque es idiota de punta a cabo él se apresurará a defender porque *tiene tan bonita (!) música...*"[10].

En 1938 la situación era trágica para la República, desde el punto de vista militar. El año anterior había perdido todo el norte, con un gran potencial económico. A principios del mes de abril de 1938, cuando comenzaba la acción del segundo gobierno presidido por el doctor Juan Negrín, las condiciones internas y externas no podían ser peores. Días antes, el 7 de marzo, aprovechando la extrema debilidad de las defensas republicanas tras la batalla de Teruel, el Ejército de Franco había emprendido una poderosa ofensiva en la zona con el objetivo de llegar al Mediterráneo y partir en dos el territorio republicano. Para reforzar la operación y debilitar la moral de los enemigos, los días 16 y 17 del mismo mes la aviación italiana realizó sobre Barcelona los mayores bombardeos sobre una ciudad conocidos hasta el momento, que se saldaron con un balance de unos 1.300 muertos y más de 2.000 heridos. El frente republicano se desplomó como resultado de la magnitud de los ataques y el 15 de abril las tropas franquistas alcanzaban el mar Mediterráneo en Vinaroz (Castellón). La República quedaba dividida en dos mitades vulnerables: un enclave central aislado excepto por vía marítima y un núcleo catalán adherido a la frontera francesa.

Si la coyuntura militar comenzaba a resultar trágica para la República, en el ámbito de las relaciones internacionales las perspectivas no eran

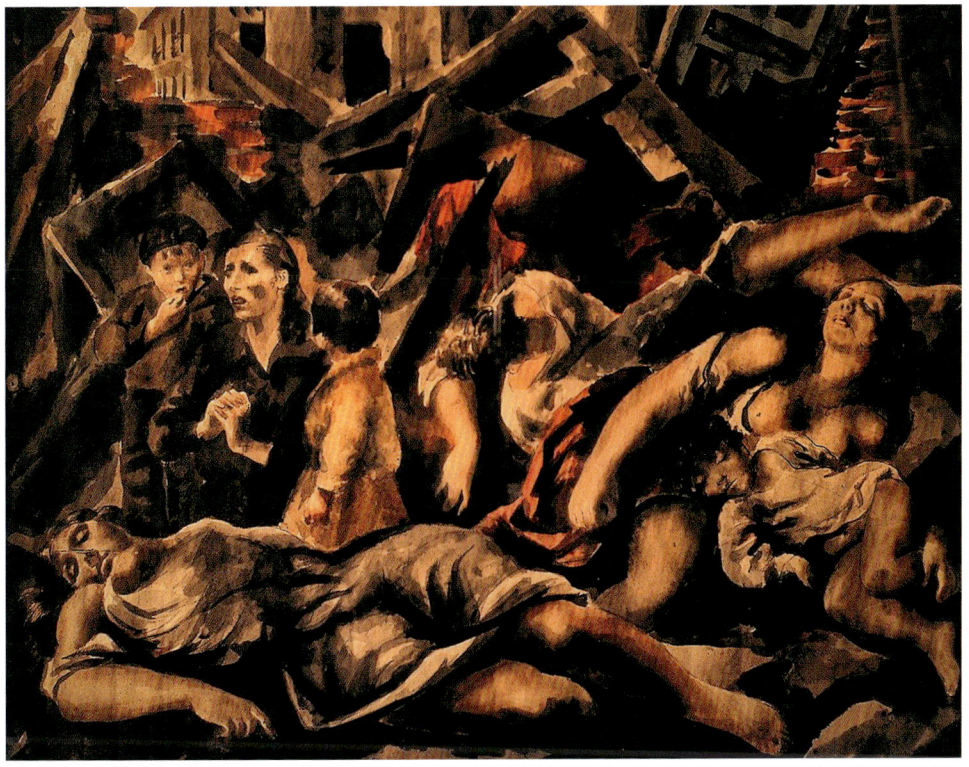

Víctimas del bombardeo. Acuarela sobre papel. 47,5 x 58 cm. Colección particular.

más halagüeñas. El día 10 de abril se producía la caída del gobierno del Frente Popular en Francia, presidido por el socialista León Blum, uno de los mejores aliados de Negrín. Le sucedió al frente del gobierno francés Édouard Daladier, del Partido Radical, que dio por finalizado el período de gobierno del Frente Popular, iniciado en 1936. En Reino Unido tampoco el ambiente político era muy favorable al Gobierno de Negrín, con el poder en manos de los conservadores.

A casi nadie se le escapaba, ni dentro ni fuera de las fronteras, que la guerra estaba prácticamente perdida militarmente para el bando republicano, a no ser que un golpe de fortuna inesperado revertiera la situación. El derrotismo comenzó a aparecer con fuerza en mandos militares y líderes políticos, incluso en el propio presidente de la República, Manuel Azaña, quien solicitaba insistentemente a Negrín la negociación de la rendición, a lo que le respondió con una declaración presentada públicamente como programa de gobierno conocida como "Los Trece Puntos". En ella se reafirmaba en la resistencia a través del establecimiento de unos objetivos convertidos en razones por las que se continuaba la guerra y posibles bases para un principio de acuerdo con el bando de Franco.

Tampoco en Molina quedan sentimientos de euforia en sus palabras: "La guerra, palabra fatídica. Miseria, hambre, destrucción, peste, muerte lenta, esto es la guerra. Caos perpetuo mientras dura y aún después en mucho tiempo. Cada día que pasa es más cruel, y hasta los elementos parece que se ensañan más en nuestra carne". Como muchos españoles, cada vez se muestra más desmovilizado políticamente: "no asisto a actos políticos ni de ningún otro orden, solamente me limito a lo observado en la calle, tranvía y en la conversación de las pocas personas que trato". La mayor parte de la población en el bando republicano se mostraba indiferente hacia los asuntos políticos y en ocasiones hasta hostil hacia quien predicaba y organizaba la resistencia, como hacían ver los propios representantes de la Comintern, la organización internacional comunista, en España. En el informe remitido por su principal responsable a Moscú decía que:

> El 25 de diciembre tuvo que ser aplazado un gran mitin convocado por los jefes anarquistas más conocidos de Cataluña (Capdevila, Oliver, etc.) porque el público se reducía a seis personas, hecho sin precedentes en una ciudad como Barcelona. (…) La masa sin partido se mostraba indiferente y en ocasiones hostil ante quien predicaba y organizaba la resistencia. (…). Los nervios de los habitantes de Barcelona estaban deshechos, por las privaciones, por la indigencia, por los constantes bombardeos, etc.[11].

El 6 de marzo de 1939 se produce el golpe de Estado dirigido por el coronel Segismundo Casado, jefe del Ejército del Centro de la República, que derroca al gobierno de Negrín con el apoyo de la mayor parte de fuerzas políticas y sindicales del bando republicano, salvo el Partido Comunista de España. La guerra terminaba para el régimen republicano como había comenzado, con un golpe de Estado, aunque ahora en sus propias filas. Para gobernar el territorio republicano se formó el Consejo

Nacional de Defensa, presidido por el general José Miaja, jefe supremo del Ejército, cuya misión principal era negociar una paz honrosa con el enemigo. El hombre fuerte del mismo era el coronel Segismundo Casado, responsable de la Consejería de Defensa. El presidente Negrín y la mayoría de los miembros de su gobierno abandonaron con rapidez el país, pero buena parte de las bases comunistas y de sus mandos militares no se conformaron con la nueva situación y comenzaron una serie de enfrentamientos armados por gran parte de la exigua zona republicana. Acusaban a los *casadistas* de haber entregado el esfuerzo y sacrificio de muchos españoles y extranjeros antifascistas realizado durante treinta y dos meses a Franco. Molina recibe con alegría la noticia del final del gobierno Negrín: "Un día de noticias sensacionales: Negrín, el presidente del Consejo de Ministros ha desertado de su puesto... Resultado de esto, hoy no hemos tenido pan ni postre; la guerra está llena de imprevistos para todo".

El Consejo de Defensa tenía como principal objetivo negociar la paz para acabar la guerra cuanto antes, pero Franco quería la victoria en el frente de batalla. El 28 de marzo se produce el final de la guerra en Madrid, con la entrada de las tropas franquistas, que Jesús Molina recuerda: "Sobre las tres y media salimos a la calle, esta parecía celebrar una apoteosis, así era la Paz. Camiones y más camiones llenos de gente que lucían los colores nacionales y gritaban: ¡Arriba España! ¡Viva Franco!".

Esa misma mañana, a primera hora, vio pasar frente a su casa a un batallón de Carabineros. Quedó impresionado por sus caras "de aspecto triste, de vencidos": "Sentí un dolor en mi corazón, esos desgraciados eran los luchadores de una causa que no podía triunfar y ahora, abandonados por aquellos que los envenenaron su entendimiento virgen y su espíritu, marchaban como cuerpos sin alma". Molina, aunque crítico con las autoridades republicanas y carcomido por las malas condiciones de su existencia en el Madrid en guerra, no dudada de su republicanismo y tenía una enorme amargura por la situación presente y muchas incógnitas ante el porvenir.

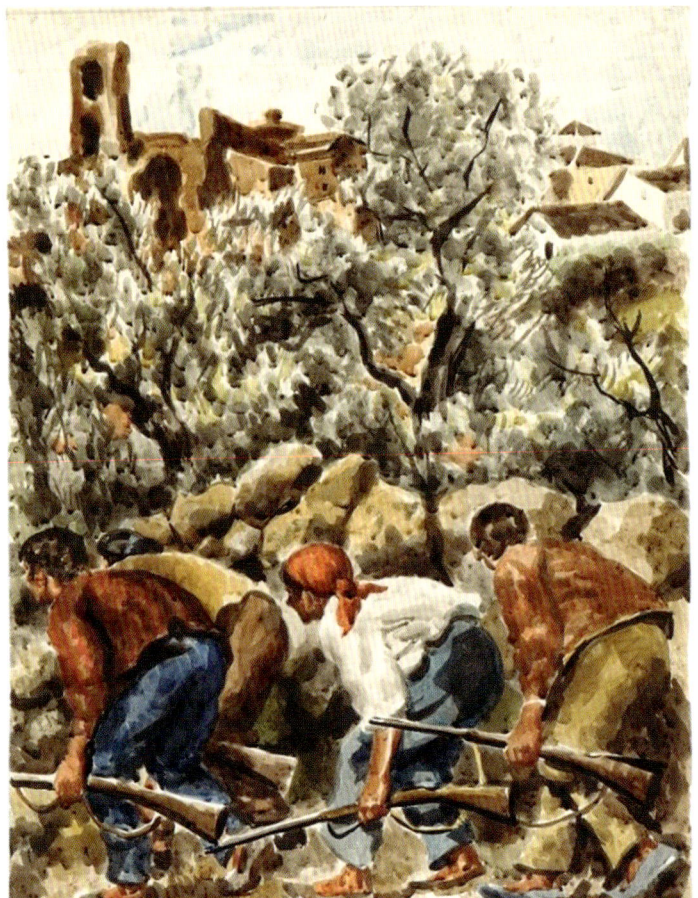

Hacía la posición.
Acuarela sobre
papel.
70 x 49,9 cm.
Museo Nacional
Centro de Arte
Reina Sofía.
Madrid.

2.3 Madrid, en la retaguardia republicana

Desde el comienzo de la guerra, el objetivo principal de las tropas sublevadas era tomar Madrid. La capital de la República era la clave, pero el general Mola, el *director* de la conspiración, no contaba con ella. Las fuerzas militares y de seguridad eran las más numerosas del país, pero el Gobierno había hecho una serie de movimientos que aseguraban su fidelidad. Consciente de las dificultades de hacerse con la ciudad, Mola ideó la sublevación desde el Marruecos español para caer sobre la capital con las columnas del Ejército de África y con las fuerzas militares de provincias consideradas seguras, como Navarra, Valladolid o Salamanca.

Los planes de Mola tenían como objetivo principal avanzar con el Ejército de África hacia Madrid, para acabar cuanto antes con la guerra. Pero no había pensado más que en el desembarco de dos columnas en Málaga y Algeciras para contribuir a la marcha hacia la capital. Tal vez se debió a un exceso de confianza sobre muchas guarniciones de provincias cercanas a la capital. Entonces resultó decisiva la ayuda de la Alemania de Hitler y de la Italia de Mussolini, que con sus aviones permitieron poner en marcha el puente aéreo hacia Sevilla que trasladó durante todo el verano a la mayor parte de tropas destinadas en África. El puente aéreo, demasiado lento para cubrir las necesidades de los sublevados, fue complementado con las expediciones marítimas, que ofrecían la posibilidad no sólo de transportar mayor número de tropas, sino también de armamento.

Cuando Sevilla acabó de ser dominada por las fuerzas del general Gonzalo Queipo de Llano, el general Franco envió allí al coronel Francisco Martín Moreno, antiguo colaborador suyo en el Ejército de Marruecos, para que organizara las tropas que debían marchar hacia Madrid y que habían comenzado a llegar ya a la península. El 2 de agosto, varios días antes de lo previsto, Franco se trasladó de Tetuán a Sevilla para ponerse al mando de las fuerzas. La agrupación de tropas africanas, mandadas por el teniente coronel Carlos Asensio Cabanillas, partió de Sevilla el 2 de agosto, transportada en camiones hacia Extremadura. Al día siguiente salió de Sevilla el comandante Antonio Castejón Espinosa con una fuerza semejante y por el mismo camino. El 7 de agosto partió una tercera agrupación al mando del teniente coronel Heliodoro Tella Cantos[12].

Franco eligió la ruta que partiendo de Sevilla atravesaba Extremadura, en lugar de la directa por Despeñaperros, atravesando la provincia de Ciudad Real, que era unos cien kilómetros más corta. Opinaba que así podría avanzar con el flanco izquierdo protegido por la frontera portuguesa y evitaría el peligro de las fuerzas que Miaja había concentrado en Montoro (Córdoba). "La ruta tradicional, por Despeñaperros y La Mancha, parecía difícil para la poca fuerza disponible. En cambio, el itinerario Sevilla-Mérida-Talavera-Madrid tenía, en el flanco izquierdo, la frontera portuguesa como pantalla y paso de aprovisionamiento. Sería

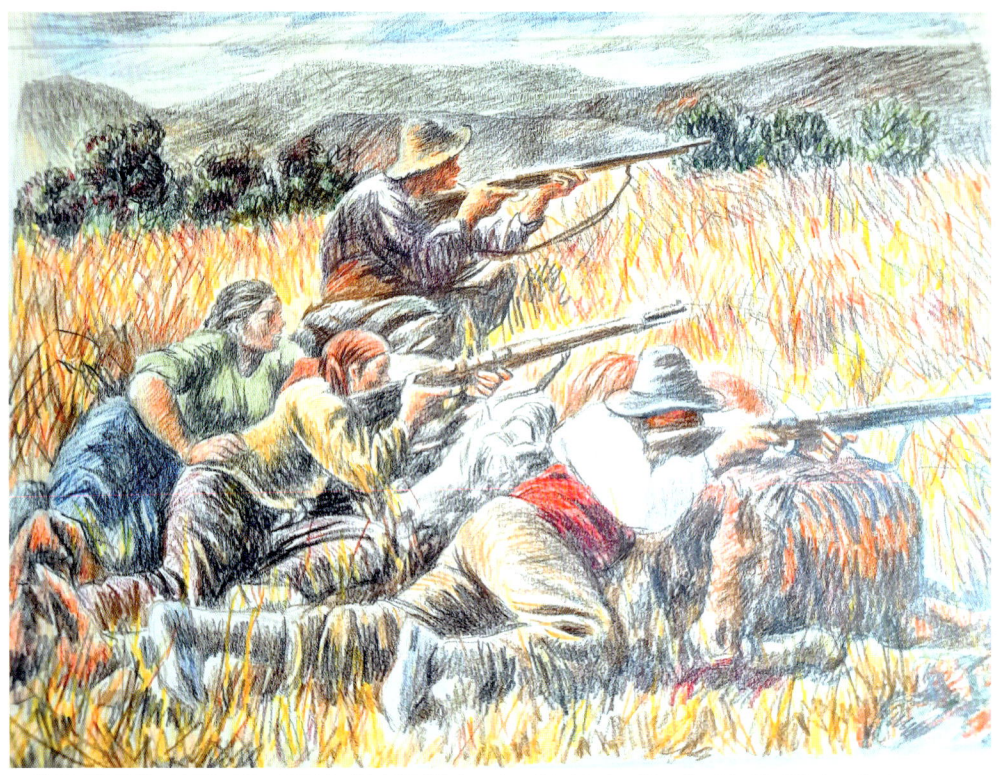

Enfrentamiento en el trigal. Lápiz color sobre papel. 27 x 36 cm. Colección particular.

así muy difícil que la fuerza expedicionaria quedara cercada y, al llegar a Mérida, contaría con el apoyo de las fuerzas de Mola desplegadas en Cáceres. Aunque la ruta de Badajoz era unos 100 kilómetros más larga, atravesaba menos de 200 de territorio gubernamental, mientras la de Despeñaperros cruzaba unos 400"[13].

Desde el punto de vista militar, la guerra fue la batalla por Madrid, conscientes todos los estrategas del bando sublevado que una vez caída la capital de España la guerra daría a su fin. Por eso Kindelán, Orgaz y Yagüe no fueron partidarios en septiembre de 1936 de acudir a rescatar de la agonía a Moscardó en el Alcázar, en pleno avance hacia Madrid. El general Franco optó por su liberación invocando *factores espirituales*. En realidad, ese comandante del Ejército del Sur, miembro de la Junta presidida por Cabanellas, necesitaba ese éxito de prestigio que los medios internacionales magnificaron para hacerse elegir, poco después, como Generalísimo y jefe del Estado. Franco admitió más tarde que la operación había sido un error militar deliberado. Este "error rentable" significó otra batalla de Madrid, un cambio completo en la naturaleza de la guerra, que se alargó tras la reorganización del ejército republicano que ese respiro del episodio toledano procuró a la defensa de la capital y que adquirió el estatus de guerra internacional, con la irrupción de nuevas armas, el incremento de efectivos y la intervención de combatientes llegados de todo el mundo[14].

Algunas batallas cercanas a Madrid resultaron memorables para el Ejército Popular de la República, como las del Jarama o Guadalajara. La primera de ellas fue, en palabras de Gabriel Cardona, "la mayor batalla de material vista hasta entonces en España"[15]. La batalla de Guadalajara, en marzo de 1937, fue el último gran intento franquista por tomar Madrid. La desbandada de los italianos en Guadalajara dio mucho que hablar y mucha moral al ejército republicano. A partir de esta derrota, Franco modificó su estrategia preparándose para una guerra de desgaste, larga, y alcanzar Madrid más tarde, pero con menor esfuerzo. Aunque bajó el ritmo de los ataques a la ciudad, al quedar el frente estabilizado, los cañonazos de la artillería y los disparos de la infantería siguieron sintiéndose con frecuencia. Y los bombardeos de la aviación enemiga, cada vez de forma más frecuente. El primer nuevo objetivo parecía más fácil y rentable: el norte, que había quedado aislado. Su conquista proporcionaría los productos industriales precisos y la explotación de sus minas podría resolver el pago de los materiales militares alemanes. El 26 de abril, Guernica fue arrasada por las bombas de la Legión Cóndor alemana. El 19 de junio, las tropas franquistas entraban en Bilbao. El 26 de agosto lo hacían en Santander. En octubre dominaban Asturias. Con la caída del norte industrial, la guerra comenzaba a inclinarse claramente del lado franquista.

Jesús Molina permanece durante toda la guerra en Madrid, ciudad de la retaguardia republicana desde julio de 1936 hasta marzo de 1939. Fruto de la euforia de los primeros días intenta alistarse para el frente, "a pesar de mi inutilidad física para campaña de guerra". Parece ser que padecía tuberculosis[16]. En octubre de 1936 intenta enrolarse en las milicias de la Federación Española de Trabajadores de la Enseñanza (FETE-UGT), comenzando incluso la instrucción en su base del Hipódromo: "Sin un orden y sin una disciplina nos han reunido hoy para hacer la instrucción. Hemos empezado a las cinco, la cita era a las tres". A los pocos días, los servicios médicos le excluyen del servicio activo. Volverá al campo de instrucción al final de la guerra, cuando iban mermando las fuerzas del Ejército Popular y aumentando las movilizaciones de gente más joven y mayor, pero es destinado a servicios auxiliares.

En Madrid trabaja casi a diario en su estudio. Además, lee todo lo que puede, pasea y muchas tardes asiste al cine, su afición preferida. Como ciudad de retaguardia, las posibilidades de distracción son amplias, porque las actividades culturales son frecuentes para obtener fondos con destino a las milicias o como meros actos políticos y propagandísticos. La mayoría de las salas que funcionaban antes de la guerra permanecieron abiertas entre 1936 y 1939, unas ciento cincuenta, a pesar de la proximidad del frente y del riesgo evidente que se sufría al asistir a ellas[17]. Por la carencia de producciones propias, muy escasas, se tuvo que ampliar la oferta de películas de Hollywood y se repusieron muchas películas españolas. Molina pudo ver las películas más vistas durante la guerra civil, como fueron ¡Centinela, alerta! (Juan Gremillón, España, 1936), Una noche en la ópera (Sam Word, Estados Unidos, 1935), Bajo dos banderas (Frank Lloyd, Estados Unidos, 1936), Tiempos modernos (Charles Chaplin, Estados Unidos, 1936), Un par de gitanos (J. W. Horne-Charles Rogers, Estados Unidos, 1936), ¡Abajo los hombres! (José María Castellví, España, 1935), Morena Clara (Florián Rey, España, 1936), Barrios bajos (Pedro Puche, España, 1936), Mares de China (Tay Garnett, Estados Unidos, 1935) y Suzy (George Fitzmaurice)[18].

No todo es ocio y diversión en la capital de la República. Molina es testigo de los tres grandes problemas del Madrid de guerra: la cercanía del frente, la masiva llegada de refugiados y la escasez de víveres. Madrid siente la guerra de cerca desde octubre de 1936, cuando las tropas del bando enemigo cercan la capital. Tan cerca que se llegaba al frente en tranvía o a pie, a partir de la Gran Vía con dirección Ciudad Universitaria.

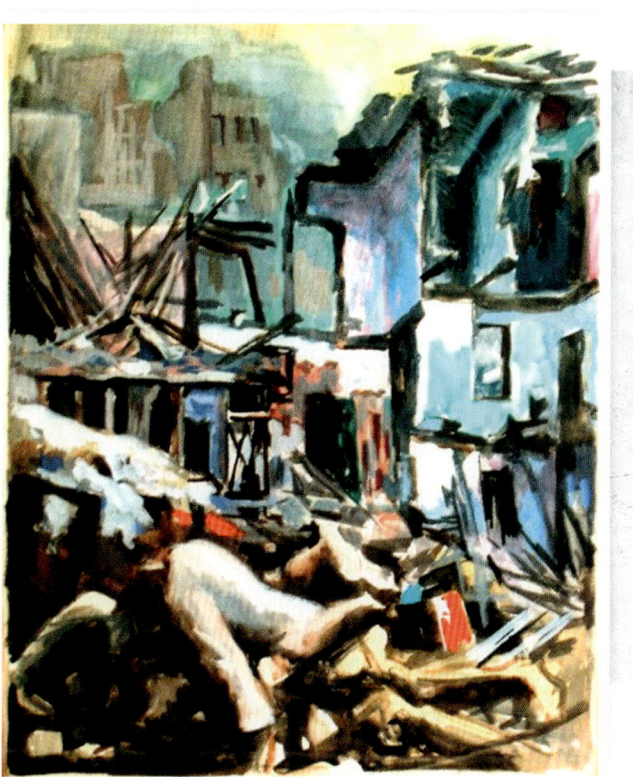

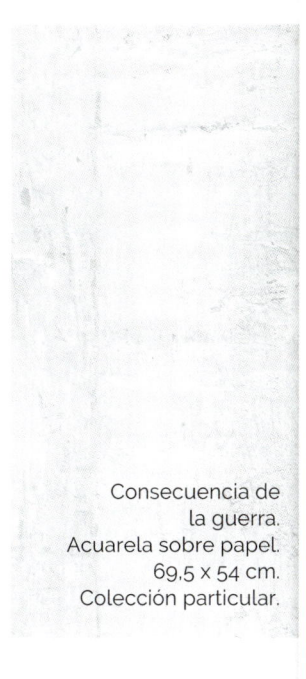

Consecuencia de
la guerra.
Acuarela sobre papel.
69,5 x 54 cm.
Colección particular.

"El frente de guerra está a diez minutos de paseo", escribe Molina. Esta calle, donde se habían instalado edificios de gran valor estratégico para la guerra, como Telefónica, fue bombardeada constantemente por la aviación enemiga, lo que la otorgó popularmente el título de la Avenida de los Obuses. Tan importante fue durante estos años que ha merecido de forma exclusiva una interesante tesis doctoral[19].

A los pocos días de estallar el conflicto, Molina escribe sobre el aspecto de la ciudad: "es de una cosa desgarrada. Se siente olor a sangre caliente, también olor a cadáver. Pero lo que más se ve son rostros contraídos por el dolor, ese dolor contenido, seco, sin lágrimas". La calle Alcalá presenta un aspecto desolado y por todas partes se ven edificios convertidos en hospitales de sangre.

El 5 de noviembre los combates son impresionantes. "Hoy ha tenido Madrid verdadera fisonomía de guerra". Un mes después escribe: "¡Madrid cómo se ha cambiado tu fisonomía! Ahora no bailas, tu rostro es severo, has dejado el organillo y has empuñado el fusil, sirves el alimento del cañón y haces conectar a las ametralladoras y morteros". "Hoy ya la gente lleva en su cara una expresión de preocupación interna, de dolor contenido".

En enero de 1937 continúa el estruendo de cañones y ametralladoras: "El atronar de la artillería rompe la paz de un bello día que el sol baña. Las baterías han comenzado muy de madrugada a vomitar metralla. Todo se movía, el suelo, los edificios y momentos ha habido en que parecía que la tierra se iba a abrir, y así ha continuado toda la mañana y parte de la tarde". El aire que se respira lo resume en pocas palabras: "Aire olor a pólvora".

La guerra está transformando a los madrileños: "Aquí todo es reconcentrado y doloroso y es raro encontrarse con gente de cara alegre, se puede decir que la mayor parte de los que estamos en Madrid vivimos como en campo de batalla, tenemos la expresión del combatiente, esto no es exagerado, pues el frente de fuego lo tenemos a unos minutos de marcha del centro de la capital y además los obuses dentro de esta es cosa corriente". Añade: "La estampa de la guerra está presente en los semblantes más conscientes. Nos encontramos con el portero de la casa y este hombre no es el que dejamos de ver el día 7 de noviembre. Es la guerra que a todos nos ha impreso otra fisonomía".

"Todo el mundo está familiarizado con la muerte", se lamentaba Molina. La gente muere por las heridas provocadas en los frentes de batalla cercanos, por la dura represión de la retaguardia y por las bombas caídas del cielo. Aunque los bombardeos aéreos en los frentes de batalla ya venían siendo habituales en todos los conflictos bélicos, sería en la Guerra Civil española (1936-1939) donde adquirieron una importancia estratégica fundamental en la retaguardia, tanto para quebrar la moral de los ciudadanos como para acabar con objetivos de carácter económico o militar, como arsenales, polvorines, vías o centros de comunicación. Los bombardeos sobre la población civil, que además de numerosas víctimas causaban una gran desmoralización entre los ciudadanos y un enorme destrozo en las ciudades, fueron desgraciadamente una constante en todo el territorio español. Se trataba de una guerra total, donde apenas podía distinguirse el frente de la retaguardia.

Barcelona fue la ciudad más castigada, con más de 2.500 víctimas mortales, seguida de Madrid, con unos 2.000 fallecidos y Valencia, con 885 muertos[20]. En Barcelona, entre los días 16 y 17 de marzo de 1938, la aviación italiana realizó los mayores bombardeos sobre una ciudad conocidos hasta el momento, que se saldaron con un balance de unos 1.300 muertos y más de 2.000 heridos. Coincidía con la ofensiva del Ejército de Franco para llegar al Mediterráneo y partir en dos el territorio republicano. Las bombas no dejaron de caer sobre la capital catalana hasta enero de 1939 intentando buscar la desmoralización de la población. En esa fecha se apoderaron de ella las tropas franquistas sin apenas resistencia. "Los nervios de los habitantes de Barcelona estaban deshechos, por las privaciones, por la indigencia, por los constantes bombardeos"[21], decía en un informe el representante de la organización internacional comunista en España (Comintern).

En Madrid se bombardea una gran población de forma sistemática y moderna por primera vez en la historia. Según el Comité de Reforma, Reconstrucción y Saneamiento de la ciudad, fueron 6.036 el número de siniestros atendidos por los Servicios de Socorro de Bombardeos, tan solo durante el año 1937. En el registro del Cuerpo de Bomberos constan más de 1.600 registros de edificios y espacios públicos que sufrieron algún daño por los bombardeos[22]. Al finalizar 1938, la Cruz Roja había recogido por toda la ciudad a 6.459 heridos de metralla[23].

El 31 de octubre de 1936, Molina escribe: "A la una, primera visita de la aviación enemiga". "A las nueve de la noche hemos sido avisados por las sirenas de alarma, todo el mundo se congrega en los refugios". En marzo de 1937 refleja sus sensaciones ante el horror de los continuos bombardeos: "El aire tiene un olor de sangre coagulada amasada con barro". Dice que todas las noches padecen "terrible concierto infernal diariamente". "Los pájaros negros de alas de acero atraviesan el espacio. Y así todas las noches. El espectro de la aviación nos acompaña". Al mes siguiente se lamentaba de que, aunque algunos de los frentes de batalla se alejaban de la ciudad, todavía la guerra se seguía sintiendo: "la herida

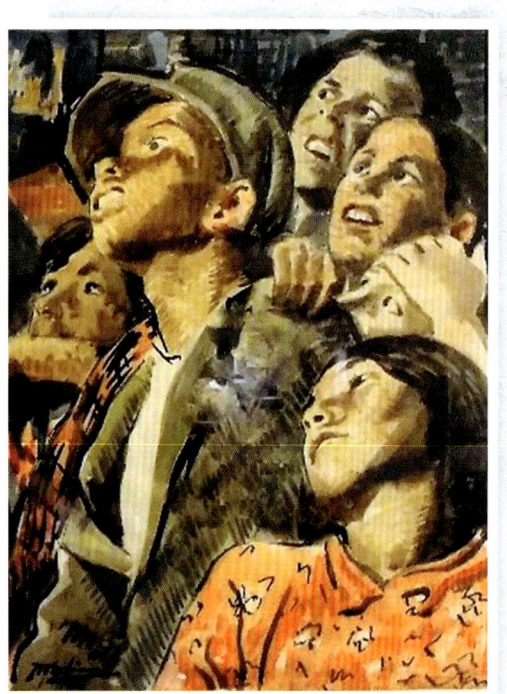

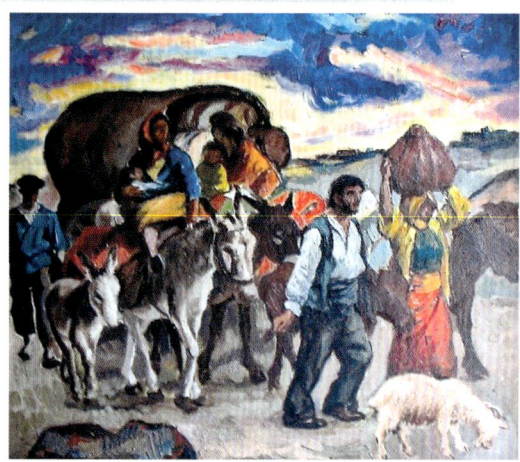

Llegan los pájaros negros. Acuarela sobre papel. 44 x 34 cm. Colección particular.

Evacuación. Óleo sobre tablex. Colección particular.

del pueblo cada día es más grande". Lo resumía en una expresión: "¡Qué dolor!". En noviembre del mismo año anotaba: "La guerra se siente hasta en los rincones más recónditos de la capital y las gentes que caminan en todas direcciones llevan puesto el traje de la otra vida por si la muerte les sorprende lejos de su ropero". En diciembre dice que la ciudad parece hundirse por la acción de las bombas: "¡Esto es más que horroroso!".

A Madrid fueron llegando evacuados de forma masiva desde las primeras jornadas de la guerra. La gran ciudad a muchos les parecía más segura porque permitía vivir de forma anónima, siendo menos reconocidos que en los pequeños pueblos o ciudades, situación que les hacía mitigar en parte el miedo. Otros muchos tenían familiares, con lo que se sentían más protegidos. Los evacuados andaluces, extremeños y toledanos que generaba la marcha hacia Madrid, en los meses de agosto, septiembre y octubre de 1936, buscaron refugio en las provincias de

Ciudad Real, Toledo (sur del Tajo) y, sobre todo, Madrid. Se dio el caso de que muchos de los refugiados que habían llegado a la provincia de Toledo los primeros días de guerra procedentes de Extremadura y de Andalucía, unas 70.000 personas, tuvieron que hacer de nuevo las maletas con destino a Madrid[24]. Una de las más importantes remesas de desplazados que llegaron a la capital tuvo lugar en septiembre de 1936 desde la provincia de Toledo al ser tomada por las tropas del Ejército del Sur la ciudad de Talavera de la Reina el día 3.

En Madrid los refugiados que iban llegando eran alojados por donde se podía, al principio en hoteles, cines, centros educativos, edificios religiosos, instalaciones de partidos políticos y sindicatos, garajes, locales y sótanos. Posteriormente se fue colapsando la capacidad de albergue en la ciudad. Había refugiados por todos lados, como el Metro, edificios en construcción, soportales, calles, paseos e incluso en solares al aire libre. El panorama de la ciudad cambió profundamente, por todos lados se veían campos de refugiados, también en sus lugares emblemáticos, como la Plaza Mayor, Paseo de la Castellana, Paseo de Recoletos, Gran Vía y Parque del Retiro. En éste, se veían "familias enteras, alrededor de una fogata, con una escudilla y un trozo de pan. Cuadros de subido patetismo se ofrecían al contemplar a aquellos infortunados"[25]. A Madrid habían llegado en pocas semanas cerca de 500.000 personas, prácticamente la mitad de su población en 1936.

Sobre los refugiados, Molina escribe el 19 de noviembre: "El Metro es una de las estampas más conmovedoras de la guerra en Madrid, decenas de familias se han refugiado en sus estaciones. Niños, mujeres y ancianos esperan allí su liberación de vida". En Albacete, de tránsito hacia Valencia, queda profundamente impresionado por los evacuados: "En un momento me doy cuenta que es doloroso y deprimente el aspecto físico y civil de estos seres humanos de evacuación. Es estampa de una raza degenerada, depauperada y que se encuentra en su ocaso. Todo debido a la falta de primera instrucción e higiene, de la que desconocen hasta su significado".

Desde el mes de noviembre de 1936, el Ministerio de Sanidad y Asistencia Social comenzó a organizar la evacuación de Madrid. La situación se hacía insostenible. Pero hubo muchas reticencias de la población refugiada para abandonar la ciudad. Ni siquiera la proximidad del frente logró que se cumplieran las órdenes de evacuación; así ocurrió, por ejemplo, en la barriada próxima a la estación del Norte cuyos habitantes, al recibir la orden de evacuar la zona, se manifestaron por Madrid detrás de una pancarta llevada por mujeres y niños que decía "Los chicos de la cuesta de San Vicente no quieren marcharse de su calle". Lo mismo ocurrió en Cuatro Caminos donde algunos de sus vecinos dijeron que preferían la muerte antes que abandonar sus casas. Ante esta resistencia, las autoridades tuvieron que cambiar de estrategia, pasando a amenazar con retirar la cartilla de abastecimiento a quien no cumpliera la orden general de evacuación y a dar de baja en la nómina de clases pasivas a los jubilados que se resistieran. Ninguna se cumplió.

Según el consejero de Evacuación de la Junta de Defensa de Madrid, en declaraciones a la prensa en febrero de 1937, desde el funcionamiento de esta Consejería se habían evacuado a 450.000 personas, de ellas 170.000 niños. El ritmo era en esa fecha de 5.000 a 6.000 evacuados diariamente, aunque lo consideraba insuficiente dadas las carencias de la ciudad, sobre todo de abastecimiento y vivienda. "Si conseguimos sacar de la población otras 250.000 o 300.000 personas, la ciudad quedaría en condiciones de habitabilidad normal", diría al reportero[26]. Sin embargo, el proceso se fue ralentizando.

El tercer gran problema de Madrid fue la escasez de víveres, que fue creciendo de forma alarmante conforme aumentaba la población y se alargaba el conflicto. Madrid fue perdiendo poco a poco el ambiente de euforia, alegría y optimismo que la caracterizaba desde el inicio del conflicto. En enero de 1937 aparece la primera referencia al respecto en los diarios de la guerra de Molina: "empiezan a faltar muchas cosas necesarias aquí en la capital". "Ya en los hogares comenzamos a no tener fuego, el alimento no es fuerte y el frío es muy intenso". Además, aparecía un triste complemento: la subida de precios. Se queja de que por dos sacos de leña ha pagado 25 ptas. "Es la guerra". "La vida comercial ha triplicado sus precios, al obrero no le llega su jornal para vivir. Nada se puede decir. ¡Viva la revolución!". "El comerciante español, con el pretexto de la guerra, roba a mansalva, los precios los han duplicado, cuando no triplicado".

Se queja de que no dispone ni de "un miserable brasero. Estos días pasados que ha llovido torrencialmente el techo y las paredes han hecho de esponja. El techo del comedor tiene unas grietas por donde cabe un dedo, en fin, esto es como vivir en una trinchera, donde una de las distracciones es ver como cae el agua por los resquicios de la tierra".

En los últimos meses de la guerra, el enviado especial del periódico *Paris-Soir* escribía que el sol era la única calefacción en el crudo invierno madrileño. El carbón faltaba por completo. Las raciones de pan estaban reducidas a cien gramos por día. El hambre y el frío eran trágicos. Pero esto no era lo peor, para el observador: "No son los sufrimientos y la miseria que chocan al viajante que después de una ausencia de tres meses vuelve a Madrid, es el gran decaimiento moral de la población. La población se pregunta: ¿para qué luchar, por qué razón pasamos esta hambre y este frío?"[27]. La dieta estaba reducida prácticamente a lentejas de mala calidad y escasas de cantidad. Se las bautizó con el nombre de *píldoras de resistencia del doctor Negrín*. La gente ya no aguantaba más, por lo que se fueron extendiendo las manifestaciones y tumultos por sus calles, en protesta por la penuria y calamidades de una guerra que consideraban ya inútil. Los manifestantes eran en su mayoría mujeres, en algunos casos organizados previamente por la organización clandestina de la Quinta Columna. En una de las primeras, según testimonio de un testigo, el grito más generalizado era el de *¡Queremos pan y carbón. Y si no: la rendición!*[28].

En diciembre de 1938, un numeroso grupo de mujeres organizó una nueva manifestación bajo el lema *pan o paz* en diversas zonas de la ciudad. "Aunque la prensa rebajó la importancia del suceso, calificando a las mujeres de quintacolumnistas, el Gobierno lo siguió con preocupación. El ministro de Gobernación escribió telegramas a José Miaja preguntando por todos los detalles de la protesta; cuando Miaja rebajó la importancia del acontecimiento, el ministro le conminó a que no dulcificase la realidad"[29]. El presidente Negrín decidió formar una comisión de cinco ministros para que se reuniera con todos los

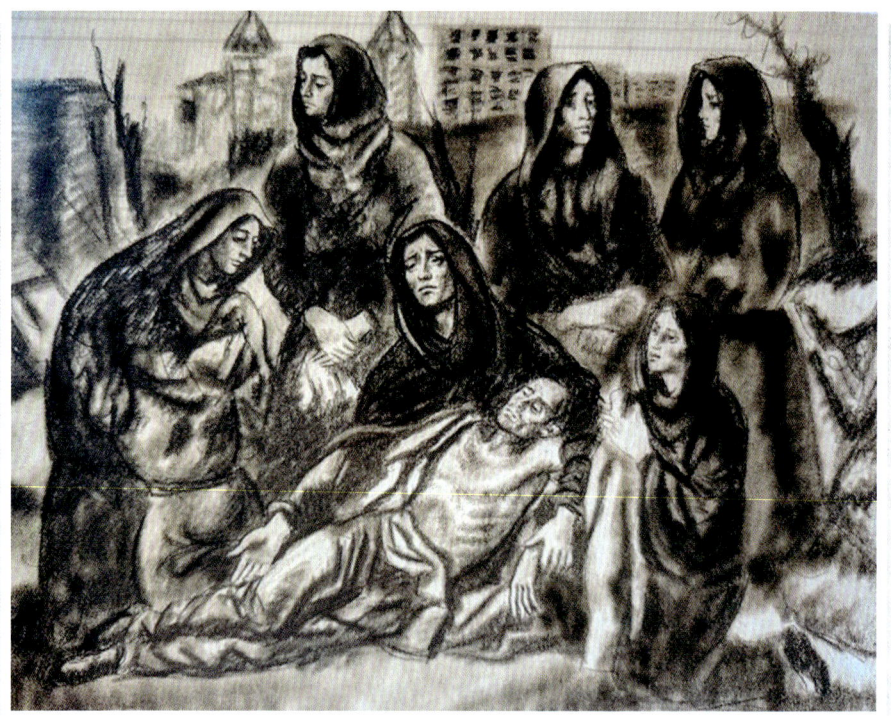

Las dolientes. 1936-1939. Lápiz y carboncillo sobre papel. 32,5 x 41 cm. Colección particular.

sectores implicados con el fin de realizar propuestas de mejora de los abastecimientos, especialmente para intentar centralizar el servicio evitando descoordinación y falta de implicación en algunos organismos u organizaciones.

Madrid, desde luego, era una ciudad profundamente cansada. La prensa inglesa, incluso, hablaba del fallecimiento cada semana en ella, a causa de las privaciones, de 400 a 500 personas[30]. Los informes de la diplomacia francesa aumentaban la cantidad a 600 víctimas al día por incluir las muertes que provocaban las epidemias y la difícil situación de los hospitales, arrasados por los bombardeos y sin apenas energía eléctrica[31]. Y no era sólo la muerte, sino lo que conllevaba, como recuerdan algunos testimonios: "Los muertos pasaban hasta semanas en las casas. No había coches ni cajas para su enterramiento. Había que esperar turno, igual que lo hacían en vida para el pan u otras mercancías difíciles de conseguir"[32].

Molina se revuelve contra la alegría de ciertas personas mientras los víveres eran cada vez más escasos y los sacrificios mayores: "Es algo vergonzoso e irritante hasta el grado máximo el pasar por las puertas de un café o bar a cualquier hora y ver como siempre está lleno de hombres jóvenes y no con aspecto de tuberculosos, si no pletóricos, que pasan los días en estos lugares prostituyendo todo de lo que hablan y todo lo que tocan" (marzo de 1937). Esto le llegaba a hacer sentir "un profundo desprecio hacia mis compatriotas de la retaguardia". A pesar de todo, nada tiene que ver la situación de Madrid con la que puede observar en sus viajes a Valencia: "La vida que he visto vivir en Valencia es poco confortadora y estimulante. Los más siguen la vida como si en España no pasara nada ni fuera de España tampoco".

Se queja de que mientras en Madrid muchos viven sin trabajar, su padre tiene que hacerlo en Barcelona: "He recibido carta de mi padre que se encuentra en Barcelona, ¡pobre hombre!, a sus años aún tiene que trabajar como no lo hacen infinitos jóvenes, y encontrarse además solo, pues aún no ha conseguido medios para llevarse a mi madre y hermana". Estas vivían todavía en Valencia, donde la República había instalado la capitalidad tras el ataque hacia Madrid a finales de 1936.

El hambre se observa hasta en los rostros: "Observé en el rostro de las gentes que su color era pálido y su cutis opaco, no era difícil adivinar que ello obedecía a una falta prolongada de alimentación". Le resultaba complicado aceptar la situación: "Esta tarde cuando viajaba en el tranvía y al pasar por Neptuno, vi por la plaza que cruzaba la C. de San Jerónimo, al Sr. Cantón, he de confesar que me ha causado una profunda impresión su aspecto físico; este hombre que hace un año era un tipo arrogante y pletórico, hoy lo he visto encorvado como un viejo y con una cara cuya expresión era de honda tragedia. ¡Cómo mina una guerra como la que padecemos!".

El hambre fue acompañada de otro elemento típico del momento: las colas interminables para poder adquirir productos básicos. Las cartillas de racionamiento se pusieron en la mayor parte de la España republicana ante las carencias de productos de primera necesidad, aunque la distribución resultaba tan insuficiente que a pesar de ellas solo obtenían víveres los primeros que consiguieran acceder a los puntos de suministro. En julio de 1937 escribe: "Esto es una desesperación sin fin, más dolorosa que la conciencia de la nada. Las calles, aún las céntricas, tienen ya un aspecto desolador. Las colas sin fin de mujeres, chicos, chicas y hombres de edad ponen de manifiesto por sus expresiones el desgaste físico, moral y espiritual del pueblo que sufre en silencio. A veces se suscitan riñas que son de un efecto deplorable, pero inmediatamente, si el que lo observa es persona consecuente, tiene que reconocer que el hambre es mala consejera para todo". Las mujeres adquieren un gran protagonismo en la retaguardia. En la mayor parte de los hogares se encargan de mantener la unidad familiar. Pero su situación tampoco es la idónea: "Mujeres hambrientas, sucias y mal vestidas que llevaban niños de estampa depauperada" (agosto 1937).

Productos escasos, caros… y de mala calidad. "El vino que hoy nos han vendido en el sindicato es una porquería y así sucede con las demás cosas, cada día son peores, y los logreros ventajistas y rufianes serán los ricos de mañana", anotó Molina en sus diarios. También en la provincia de Ciudad Real, granero de la República, faltaban hasta los productos típicos manchegos, como el vino, escaso, caro y malo: "En la Mancha, menos cuesta el vino que el agua", decía un viejo refrán. Y durante la contienda: "El vino de la guerra, cuesta un sentido y no vale una perra". Pero no quedaba ahí eso. Prácticamente no había de nada, como decía esa coplilla que circuló por todos los rincones manchegos:

> *Si tuviéramos pimiento,*
> *aceite, vinagre y sal,*
> *haríamos un gazpacho;*
> *¡pero no tenemos pan!*[33].

En los inviernos crudos de Madrid, donde era frecuente la aparición de la nieve, la situación se hacía desesperante por la falta de combustibles para calentarse: "¡Qué crudo es el invierno! La voluntad grande con que cuento no me es suficiente para contrarrestar la glaciar temperatura que me paraliza hasta el más ardiente deseo de trabajo". Las referencias eran continuas: "Hace un frío insoportable, y a esto hay que agregar que se

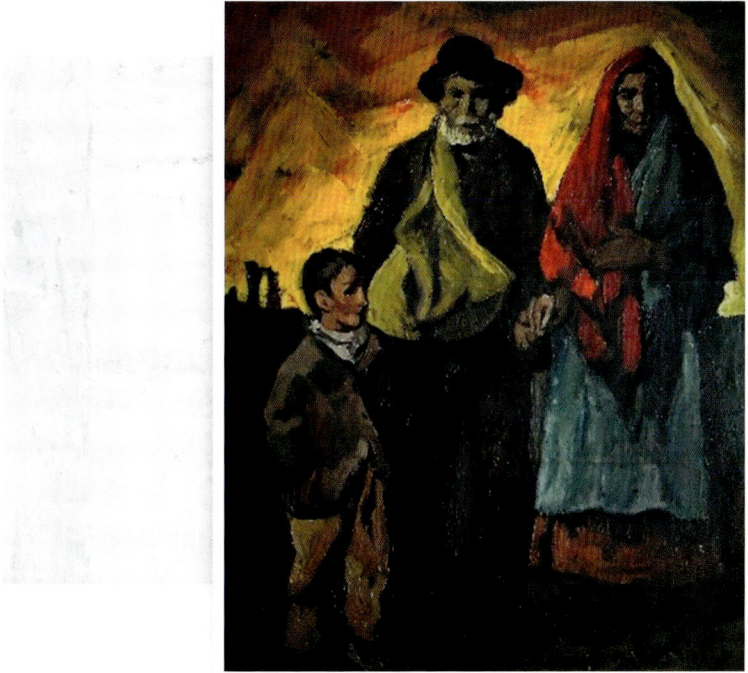

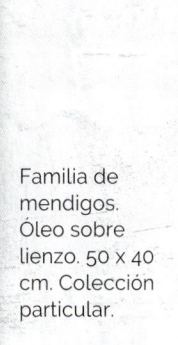

Familia de mendigos. Óleo sobre lienzo. 50 x 40 cm. Colección particular.

siente con más intensidad a medida que la alimentación es más exigua. No tenemos ni manteca ni mantequilla, carne poca y una vez al mes, pan racionado, los huevos anteayer nos dieron uno por cabeza, y hacía más de medio año que no los veíamos siquiera; en fin, así no se llega muy lejos porque no es posible".

El último día de 1937 escribe: "Hemos salido de este año con un frío espantoso, hambre y cañonazos de muerte; pero lo peor es que hemos entrado en el 38 con idénticos síntomas. (…); en el infierno se debe estar mejor". En enero de 1938 volvía a incidir en las penurias de la gente y de sí mismo: "Las gentes parecían escapadas de sus tumbas, no había uno que no semejara un cadáver". "Mi alimentación ha sido más sobria y escasa que la de un cartujo". Ello le obligaba a pedir ayuda: "Tengo que ir a pedir pequeños auxilios de venta a quien sin saber hablar, tienen la despensa llena de lo mejor que se puede poseer en los amados tiempos de paz". "La comida cada día es más escasa. Hoy he comido en todo el día garbanzos y un poco de pan". Los garbanzos eran prestados por un amigo. También contó con la ayuda de sus familiares más próximos. En el verano de 1938 su madre le manda paquetes de comida y dinero. En noviembre recibe paquetes de los primos de Ciudad Real con azúcar y chocolate.

A comienzos de 1939 escribe con desgarro: "el hambre comienza a apoderarse de mi". Por fortuna, puede decirse, fue hospitalizado el 24 de febrero a las afueras de Madrid, en El Goloso, por el agravamiento de su enfermedad. Una vez recuperado, el médico le ofrece alargar la estancia para que por lo menos coma a diario, a lo que accede sin dudar, obteniendo el alta el 26 de marzo. Mientras él pasa cada vez más calamidades y su resistencia está a punto de agotarse, conoce la noticia de que sus padres y su hermana han cruzado la frontera y están en Francia, lo que le produce una gran alegría.

Debieron marchar junto a otros 400.000 españoles que cruzaron los Pirineos entre el 5 y el 9 de febrero de 1939, entre ellos el presidente de la República, Manuel Azaña; el presidente de las Cortes, Diego Martínez Barrio; su fiel amigo y exministro José Giral Pereira; y los presidentes de Euskadi y Cataluña, José Antonio de Aguirre y Luis Companys, respectivamente[32]. La escena era terrible, como pintó el general Rojo:

> Por todas las carreteras van procesiones de gentes, automóviles, camiones; los que no tienen posibilidad de ir en coche y disponen de armas, asaltan a los que no las llevan, obligan a bajar a sus ocupantes y siguen ellos en el vehículo. Mujeres, niños, viejos, hombres, carros, coches de todas clases, impedimenta, ambulancias, camiones, todo revuelto; algunos que viajan en coche, viendo la imposibilidad de avanzar rápidamente, por la larga caravana que se forma y los atascos que se producen, abandonan el vehículo para seguir a pie[35].

2.4 El arte en tiempo de guerra

Durante la Guerra Civil, por razones obvias, el arte se hace mucho más radical, ideológicamente hablando, y además mantiene esa exigencia de compromiso social y político que ya en la República habían mantenido muchos artistas, sobre todo los artistas cosmopolitas, ligados a los movimientos de vanguardia, que habían vivido gran parte del período

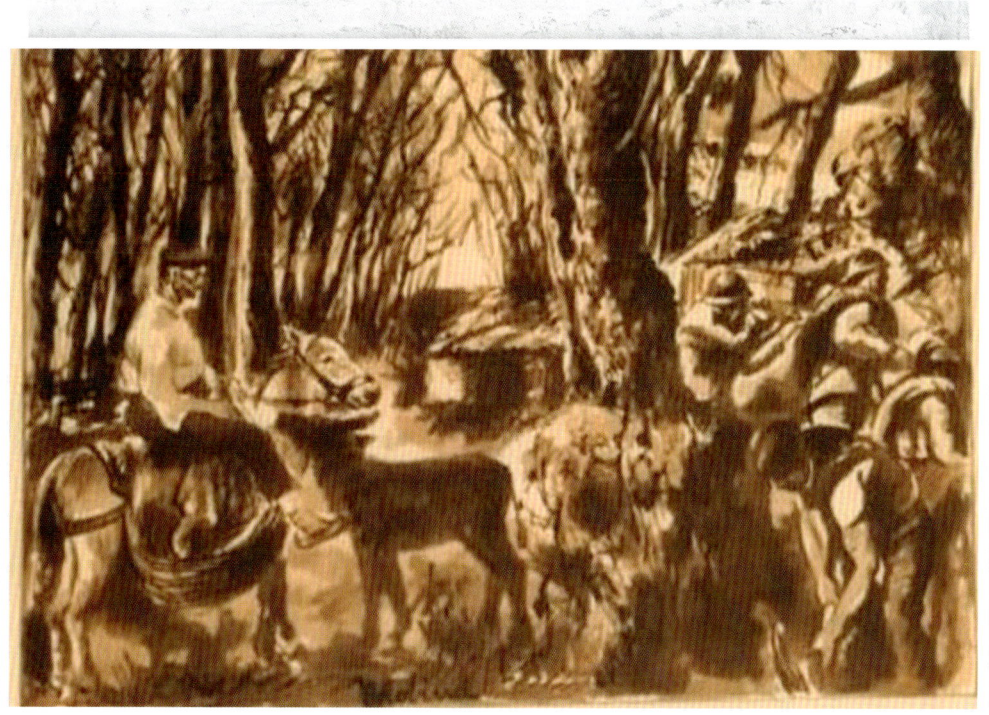

"Cada uno en su puesto", Biblioteca Nacional de España. Litografía del Álbum de Madrid.

republicano fuera de España. Estos, ahora, ponen la mayor parte de sus manifestaciones artísticas al servicio del gobierno y de la causa popular creando dibujos, pinturas, esculturas, grabados, carteles, decoraciones murales, manifestaciones de arte efímero que contribuyan a concienciar a la población en un sentido prorrepublicano.

Desde el primer momento de la guerra, el compromiso de Jesús Molina con el arte y la cultura de la República es total. Rápidamente entró a formar parte de la Alianza de Intelectuales Antifascistas por la Defensa de la Cultura, creada en el fervor del mes de julio de 1936. Esta organización se mostraba heredera de la Asociación de Escritores y Artistas Revolucionarios, que venía editando desde su fundación en 1933 la revista *Octubre*, fundada por los escritores Rafael Alberti y María Teresa León, publicación que podemos situar como precedente de *El Mono Azul*, portavoz de la Alianza. En la Alianza de Intelectuales Antifascistas se unirán los intelectuales afiliados o simpatizantes de todos los partidos o sindicatos del

Frente Popular, "con el objetivo de defender a través de la cultura, aquellas conquistas humanas que creen que peligran si el golpe de Estado militar resultara victorioso. Se trata de una *españolización* de aquellos problemas europeos sobre los que muchos intelectuales ya se habían pronunciado"[36]. En todos ellos hay una clara voluntad no solo de defensa de la cultura sino una labor de divulgar conocimiento dentro del valor supremo de la libertad de conciencia y libertad de pensamiento.

Molina ingresa en la Sección de Artes Plásticas, a la que pertenecieron los principales artistas del momento, que no dudaron en poner su trabajo al servicio de un proyecto político en el que confiaban y al que abrazaron con entusiasmo desde 1931. El Taller de Artes Plásticas de la Alianza estaba situado en el palacio incautado al marqués de Heredia-Spínola, en el número 18 del Paseo de la Castellana. En él trabajó Molina desde los primeros instantes, junto a artistas como García Maroto, Souto, Miguel Prieto, A. Morales y otros. En este taller se hicieron los primeros carteles que editó el gobierno republicano y la organización humanitaria del Socorro Rojo Internacional como principal arma de propaganda, además de dibujos para los periódicos de las milicias y murales. También sus artistas organizaron exposiciones de pintura, como la del 5º Regimiento.

En los diarios, Jesús Molina se muestra muy crítico con la Alianza desde el primer momento. En agosto de 1936 dice que está "corrompida antes de empezar a dar señales de vitalidad intelectual. Yo antes que eso prefiero mi soledad. Se creen actuar con altas miras y la realidad es que su intención es tan mísera como las de los que quieren destituir. Ya no quedan casi románticos". El día 13 de ese mes asiste a la sesión de la Alianza de Intelectuales Antifascistas, sacando como conclusión "de que reina la vaguedad, la falta de decisión y una total ausencia de programa mínimo a formar con arreglo a un plan de avance. Y, sobre todo, en la parte representativa de las artes plásticas es algo que se cae por su insuficiencia personal y capacidad cerebral". Día a día va mostrando la poca fe que tiene en la agrupación. "Falta el gran sentido romántico que eleva las cosas". Ve muchas "miserias personales" y poco futuro, por la gran cantidad "de engreídos un tanto cretinos, nada que tenga solidez".

A finales de agosto asiste a una nueva asamblea "y me confirmé en la idea de que esta agrupación no va a hacer nada. Primero por la sencilla razón de que no hay grandes dirigentes y segundo porque le falta color revolucionario y romántico en el más alto sentido. Y, sobre todo, que creo casi imposible la coincidencia en criterios tan personales como son los de todos los artistas". Molina piensa "que hay mucha gente sin preparación para ciertas intervenciones. Lo importante sería que hubiera en nuestra sección otros valores jóvenes que no están, pero que existen, y entonces se podría hacer obra fecunda de Bellas Artes". A los miembros de la junta directiva los califica de fracasados y mezquinos, "que el mayor interés lo ponen a lo que puede ser lucro o beneficio de ellos, nada más. Emplean la palabra camarada cuando los conviene, en el fondo son unos pequeños *traidorzuelos*. No tienen sabiduría ni arrogancia para hacer las cosas en grande y a la luz del sol". "La mayoría son unos pedantes y faltos de nobleza natural y parece cierto que algunos han ocupado el puesto vacío que dejaron los marqueses propietarios del inmueble, pero a estos les falta toda aristocracia". Avisa que no podrá "soportar mucho tiempo el colaborar a esta prostitución del Arte", pero nada vuelve a decir de abandonar la Alianza, aunque los diarios reflejan una drástica disminución de referencias a ella.

El pintor Molina "también perteneció al Sindicato de Profesionales de las Bellas Artes, vinculado a la Dirección General de Bellas Artes del Ministerio de Instrucción Pública, que fue fundado en 1937 y tuvo tantas secciones como especialidades las Bellas Artes"[37]. Este sindicato promovió la edición de la mayor parte de carteles y algunos álbumes-homenaje en los que participó Molina. Cuando se trasladó la capital de Madrid a Valencia por la cercanía del frente de batalla, una gran cantidad de pintores y artistas se integraron en la Casa de la Cultura de Valencia para proseguir allí su trabajo. Molina decidió permanecer en Madrid, aunque hacía visitas esporádicas a la capital levantina.

El cartelismo constituyó uno de los medios propagandísticos más importantes en tiempos de la guerra. "Los carteles, esos *gritos en la pared*, expresión muy empleada en el período, se convirtieron en soportes perfectos para comunicar autoridad con una población a la que se debía informar

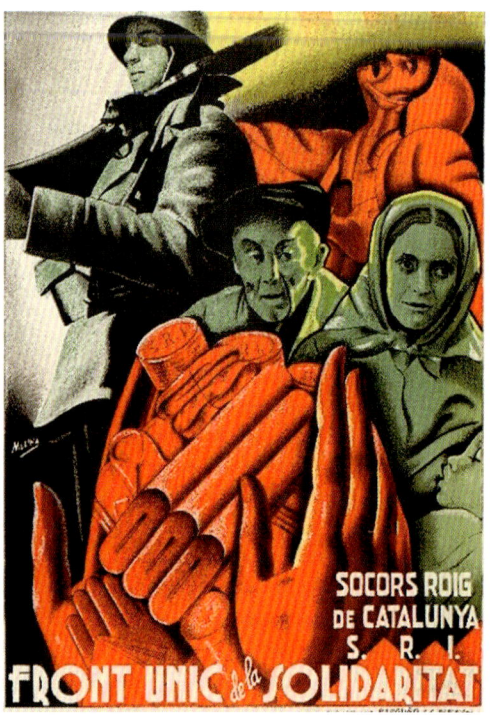

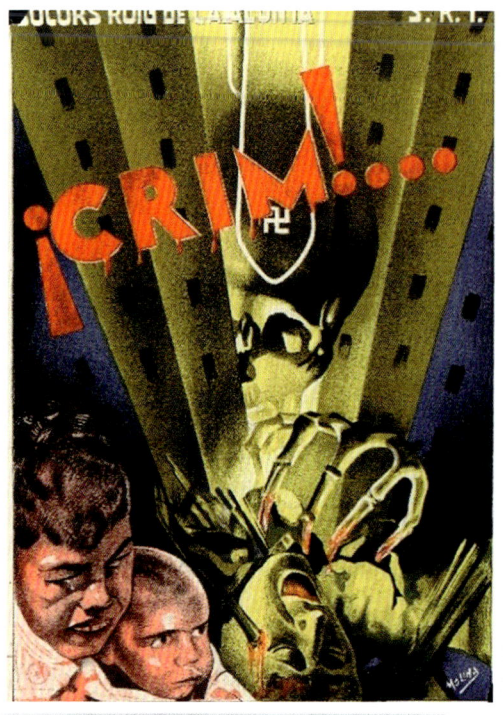

Cartel propagandístico. 99,5 x 70 cm. Centro Documental de Memoria Histórica, Salamanca. Autor: Jesús Molina García.

Cartel propagandístico. 99,5 x 70 cm. Centro Documental de Memoria Histórica, Salamanca. Autor: Jesús Molina García.

constantemente. Por ser económicos, eficientes en la comunicación y fácilmente comprensibles por los ciudadanos, con independencia de su nivel sociocultural, fueron una herramienta muy extendida"[38]. En los carteles, texto, imagen y pintura se funden para trasladar y tratar de hacer llegar un mensaje de forma clara y directa con el objetivo de causar y lograr los efectos deseados, como estimular el espíritu bélico, la solidaridad, la necesidad de incrementar la producción y, sobre todo, contribuir a la causa política republicana, contra el fascismo internacional, representado en España por el bando franquista. En el campo del cartel político, "la propaganda republicana aprovechó sabiamente las lecciones del cartel revolucionario soviético y del cartel cinematográfico norteamericano"[39]. Pero, además, "los cartelistas del bando republicano, del cual formaron parte todos los partidos de izquierda y centro izquierda estuvieron condicionados por la creciente influencia comunista"[40].

El cartel político, sin tradición salvo en Cataluña y región valenciana, se fue promocionando también desde Madrid al compás de las exigencias prioritarias de la marcha de la guerra, que impuso "un arte de urgencia, agresivo y funcional"[41]. Dibujo realista y mensaje contundente eran algunas de sus características principales. Los temas fueron variando conforme iba cambiando la lucha en el frente y la vida en la retaguardia, ampliando temáticas. Los carteles propagandísticos de los partidos políticos y organizaciones obreras fueron dando paso a otros temáticos, que aludían a aspectos militares, económicos, sociales, culturales, ayuda humanitaria o acontecimientos conmemorativos. Inmaculada Julián realiza una sistematización de los principales temas, que para ella son: fascismo, milicias y alistamiento, Ejército Popular Regular, mapas, solidaridad, sanidad, producción, bombardeos, papel de la mujer, contra la invasión, cultural y Quinta columna[42]. El objetivo principal era llamar la atención no solo de los ciudadanos, para levantar su euforia y espíritu revolucionario, también de las potencias internacionales. Por eso muchos fueron considerados carteles de denuncia. Los carteles "contribuyeron al despliegue de una insólita labor educativa en calles y plazas, en trincheras, refugios y hospitales, con el propósito de lograr la cohesión social precisa para materializar el proyecto republicano y, a la vez, implicar a los civiles en su defensa"[43].

Ante la gran demanda de carteles, a la actividad de los cartelistas profesionales se sumó la de los pintores. Entre ellos Molina, quien desplegó una intensa labor como cartelista al servicio del Ministerio de Instrucción Pública, del Sindicato de Profesionales, del Socorro Rojo Internacional y del Altavoz del Frente, entre otros organismos y organizaciones políticas, sindicales o culturales.

Jesús Molina tuvo un destacado protagonismo en el acontecimiento cultural más importante de la época: la Exposición Internacional de Artes y Técnicas en la Vida Moderna de París de 1937. La República española quiso estar presente tanto para mostrar la obra de sus principales artistas como para llamar la atención internacional del sufrimiento del pueblo español como consecuencia del fascismo, por el enorme potencial propagandístico que tendría el evento. El Pabellón de España en la exposición internacional fue diseñado por Luis Lacasa y Josep Lluis Sert. Se trataba de un pabellón funcionalista, hecho para una exposición de obras que pongan de manifiesto la realidad de la República durante la Guerra Civil. Y la realidad de la República durante la Guerra Civil es variopinta, no es homogénea, por lo que se pueden ver obras muy diferentes. La más representativa es, sin duda, el *Guernica* de Picasso. También se pueden ver *El pueblo español tiene un camino que conduce a una estrella*, que es la escultura previa al pabellón de Alberto Sánchez; la *Montserrat* de Julio González, el *Payés catalán* de Miró; obras que forman parte de la historia del arte europeo de vanguardia del siglo XX. Pero a la vez aparecen muchas obras de carácter figurativo con rasgos mucho más tradicionales. Es decir, el pabellón aparece como una manifestación, extraordinariamente variopinta, de tendencias muy diferentes en el ámbito artístico, como había sido característico del arte desde 1931. Quizá lo que marca el carácter republicano de ese pabellón es precisamente ese grado de tolerancia. Ese estar más allá, por encima de recursos estilísticos o de decisiones estilísticas excesivamente rígidas. Muestra que el arte tiene una relación directa con la política. "El papel del Gobierno republicano en la creación del pabellón de España es un papel realmente ejemplar en este sentido porque se trata de un espacio en el cual la sociedad civil politizada por las circunstancias puede manifestarse, y no de un espacio para ser utilizado por el Gobierno"[44].

El pequeño pabellón español, perfecta síntesis entre el racionalismo y los elementos típicos de la arquitectura popular mediterránea, se componía de una planta baja completamente abierta, con pórtico y gran patio entoldado, y dos pisos de forma rectangular. "Aquel pabellón fue, en sí mismo, una hazaña bélica, tanto en su arquitectura como en su contenido. Junto a Jesús Molina colgaban sus visiones de la guerra pintores como Picasso, Miró, Solana, Manuel Ángeles Ortiz, Modesto Ciruelos, Horacio Ferrer, Ramón Gaya, Francisco Mateos, Eduardo Vicente, Santiago Pelegrín, Gregorio Prieto, Antonio Rodríguez Luna, Arturo Souto y un largo etcétera. En su mayoría, como no podía ser de otra manera, los lienzos reflejaban la realidad del momento, es decir el espanto de la guerra"[45].

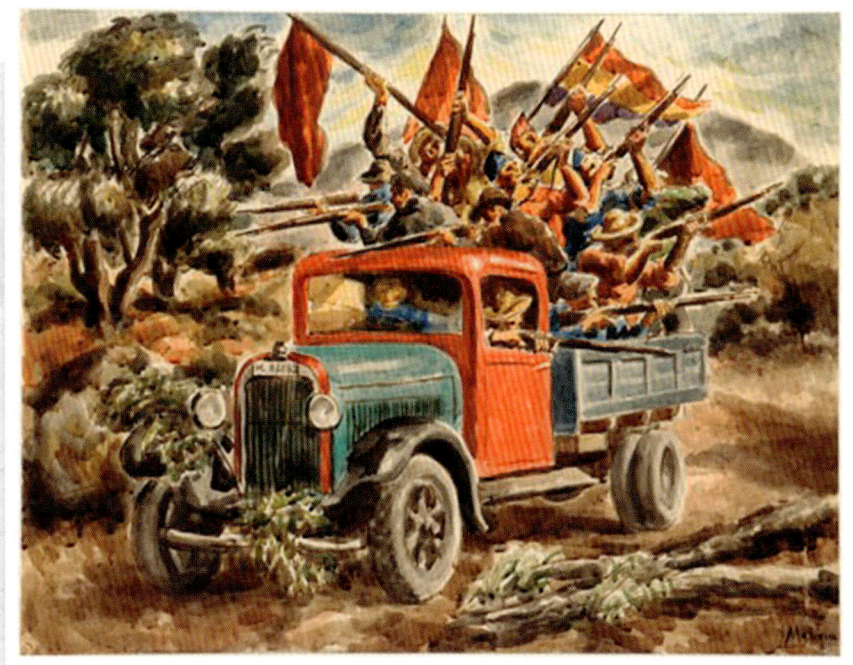

La España que no quieren conocer. 1937. Acuarela. 50 x 65 cm.
Museo Nacional Centro de Arte Reina Sofía, Madrid.

Molina participó en la sección de Artes Plásticas del pabellón con siete obras, dos de ellas óleos y el resto acuarelas. Principalmente eligió obras de carácter realista, como la mayor parte de artistas, con el fin de expresar mejor sus sentimientos y llegar de forma más directa al gran público. Se trataba de un realismo aliado con el tenebrismo que tenía a los *Desastres de la guerra* de Goya el principal referente. Las acuarelas *Efectos de la guerra* y *Fusilamiento* estuvieron al inaugurarse la exposición, mientras que los óleos *Concentración de tropas* y *Combatientes en la trinchera* y las acuarelas *La España que no quieren conocer*, *Ofensiva* y *Escena militar* estuvieron expuestas en los siguientes turnos rotativos que hubo.

Meses antes de la inauguración, en marzo, se mostraba muy crítico con la organización, temiendo el fracaso: "para concurrir a la Exposición Internacional que se celebrará en París en el mes de mayo próximo se han

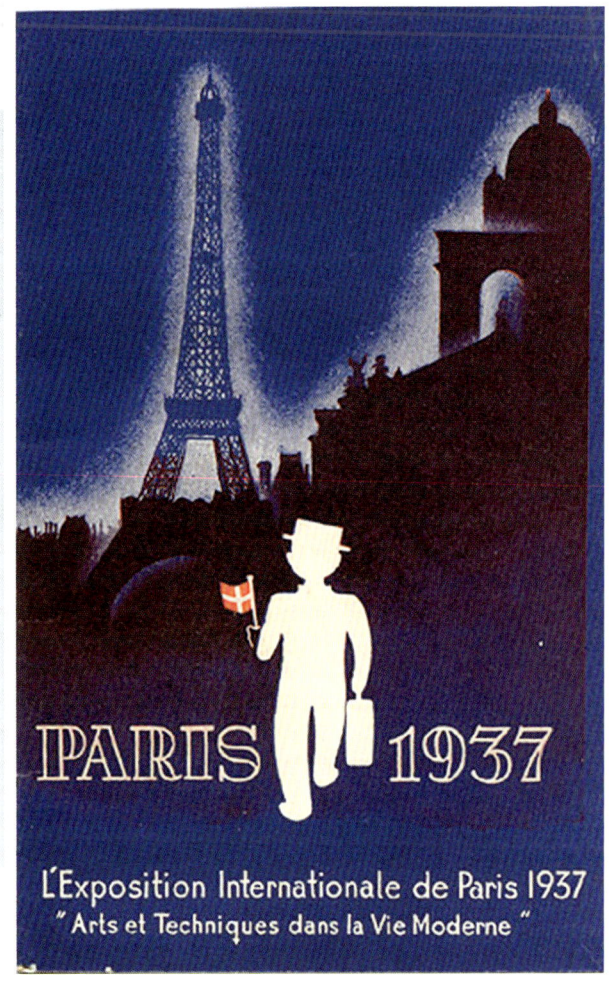

Cartel
de la
Exposición
Internacional
de París.
1937.

acordado de invitar a los artistas plásticos hace ocho días, pero lo más bochornoso es que muchos aún no han comenzado la obra por falta de los medios necesarios y entre ellos me encuentro yo. Por parte de ellos no he encontrado ninguna facilidad". En octubre de 1937 sentencia: "Me he enterado que he tenido un éxito muy grande en la Exposición Internacional de París, pero existía el propósito de que yo lo ignorara".

Quizá también en esta fría relación podía pesar la actitud crítica de Molina hacia la mayor parte de intelectuales y artistas, como hemos podido apreciar, y hacia la politización del arte, como deja escrito en sus diarios: "Por no tener carnet de afiliación política no he podido pasar a la convocatoria que se hacía para los artistas afectos al Frente Popular". Mientras, hay muchos hombres sin valor individual e intelectivo que "se agarran a su filiación política como su tabla salvadora". Sin embargo, conforme va avanzando la guerra y sus calamidades, más se reafirma en la utilidad del arte: "Ahora más que nunca veo y siento la verdad del arte y su belleza. Vivir es arte, pero siendo consciente de la vida".

Pero reconoce las dificultades: "el Arte no puede vivir al pie del cañón y de tanta tragedia", escribe en marzo de 1937. "Sigo dibujando. Me acuerdo de Leonardo D`Vinci que él también trabajaba con el ruido de espuelas, arcabuces y cañones". El contexto no es el apropiado para la inspiración, por el ruido de la guerra, por la falta de materiales, por el hambre y por el frío. Quiere seguir trabajando "en medio de la locura que produce la guerra". Sus quejas sobre su complicada situación son constantes desde comienzos de ese año: "El frío que hace me produce un dolor físico que me impide pensar y trabajar. Es más fuerte que mi voluntad". "El frío, sin embargo, me hace sufrir mucho. Las manos me llegan en su frialdad hasta doler y los pies es algo indescriptible". Posteriormente escribe: "Sigo sin salir a la calle, trabajo y estudio en casa, pero muy difícilmente, pues no tengo a mano los elementos que necesito. Además, el frío es un factor que me impide formar bien mis ideas". En noviembre vuelve a incidir: "El frío que paso en el estudio me hiela hasta el entusiasmo de ir creando". En enero de 1938: "Nada de interesante. Cuando el estómago se tiene vacío y como es natural, el cuerpo helado, poco interés se encuentra en la vida… todo valor cultural, espiritual, constructivo, no existe, ha desaparecido o se ha guarecido en su lugar". A pesar de todo, reconoce que pintando es como mejor pasa las duras e interminables jornadas de guerra: "He pasado la mañana y tarde en el taller trabajando. Es como mejor puedo vivir", escribía en diciembre de 1936.

El cambio físico no fue el único que le provocó la guerra, también el de su estilo. Según Josefina Alix, "la guerra contribuyó a dotar a su creación de mayor fuerza expresiva y vitalidad"[46]. En sus diarios se muestra una preocupación por captar de forma profunda la realidad de la guerra y la heroicidad de sus soldados. En un primer momento de euforia intenta captar todo el sentimiento de alegría de los milicianos victoriosos, que luchan "por la libertad de todos". Dibuja sus cabezas porque están llenas de vida interior, expresión de "una raza grande e inmortal". "Las expresiones de los ojos eran de héroes", añade.

El 29 de octubre de 1937 anuncia que acaba de comenzar a dibujar el cuadro *En el interior de la trinchera*. Anota: "Me gusta el tamaño que tendrán las figuras y tengo el presentimiento que lograré una obra sólida". A los pocos días anuncia que ha comenzado a pintarlo: "las expresiones de las caras responden en todo a las actitudes. Son hombres de trinchera que llevan en toda su figura la tragedia presente, y son a la vez, luz de mañana que recogerán nuevas generaciones sus hijos y nietos. Cuando salgo a la calle estudio los rostros y ropas de los hombres de las trincheras, observo el juego de la luz en las formas y lo grabo todo ello bien en mi memoria para que mi obra tenga más realidad". El expresionismo va ganando la partida al realismo.

En su estudio de Madrid pinta una de sus acuarelas más impresionantes que realizó en tiempo de guerra, titulada *Madrid, Tetuán de las victorias*, que refleja los horribles efectos del bombardeo sobre la población civil de este barrio madrileño en 1937, ofreciendo una imagen angustiosa y patética. El 4 de enero las bombas lanzadas por la aviación enemiga produjeron 4 muertos y 17 heridos y dos días después un nuevo bombardeo provocó cuatro muertos y siete heridos. La acuarela sobre papel, de 65x50, se expone actualmente en el Museo Reina Sofía, en una sala contigua al mítico *Guernica*.

En sus diarios menciona algunas de las obras en las que trabaja, aunque incide más en las dificultades que tiene para llevar a cabo su trabajo, tanto por las duras condiciones físicas como por las mentales, que le privan de la imaginación necesaria. En la primera semana de julio de 1937 anuncia que acaba de terminar siete dibujos, "expresión de la trágica guerra civil que padece el auténtico pueblo español": *Pariré millones de hijos*, *Mejor es no ver*, *Ni en la paz de los sepulcros*, *Terrible escena*, *Cada uno en su puesto*, *Fácil es reconocerla* y *La gloria os pertenece*. Añade: "Todo está hecho con la más elevada intención de una Patria mejor donde todo sea superación continua hacia lo más humano, intelectual y bello. Sin embargo, es profunda y larga la obra a hacer en un pueblo que no conoce una estética de la calle de vecindad, ni siquiera de amistad".

En noviembre de 1937 termina el cuadro *Descanso en la vanguardia*, del que debió quedar muy orgulloso, pues escribe: "Estoy seguro, cada día más, que he nacido para ser un formidable pintor, y esta seguridad me dice que tengo la máxima obligación y responsabilidad ante la Humanidad a quien me debo, y para quien trabajo y pienso constantemente; como también estoy seguro que vencería y venceré todos los obstáculos y pasiones que pudieran ser un freno en mi delirio y visión continua de superación".

El último mes del año lo dedica a pintar un retrato de Pepa, su compañera y modelo. El día 6 de diciembre escribe una anotación en la que muestra su satisfacción por poder pintar en condiciones muy complicadas, "dado las mil causas que tengo en contra para producir algo que se pueda calificar de bueno. Pinto en una habitación que es una jaula de canario, el cuadro lo tengo sobre una maleta, no me puedo mover del sitio donde me siento y a este tenor todo; y no olvidemos que esta casa está encima del frente de guerra; hoy, por ejemplo, han volado tres minas, ignoro de quién serían, bien, el caso es que la casa se ha estremecido como cuerpo azogado". A los pocos días añade: "Este frío es un suplicio, es mi verdugo y me ata las manos, el deseo y la voluntad de trabajar".

En enero de 1938 anuncia que ha comenzado un dibujo estampa de la guerra, *Ataque a la bayoneta a la caballería enemiga*. No dice nada más. El primer día de febrero comenzó un retrato de Valle Inclán a la cera, que finalizó al día siguiente, cuando escribe su impresión: "Es un dibujo a color que tiene una fuerte calidad de buena plástica y además de carácter psicológico, estoy contento, pues como conocí de cerca a este hombre en sus últimos años de vida, le tenía muy observado para haberle hecho un gran retrato, y en este, creo que he conseguido lo que otros buenos pintores no consiguieron con el modelo vivo".

Una de las obras más difíciles que acomete es el retrato de su hermano Ramón, muerto en abril de 1938: "Hoy me han estampado el dibujo litográfico que he hecho de Ramón (q.e.p.d.) ... he conseguido toda la

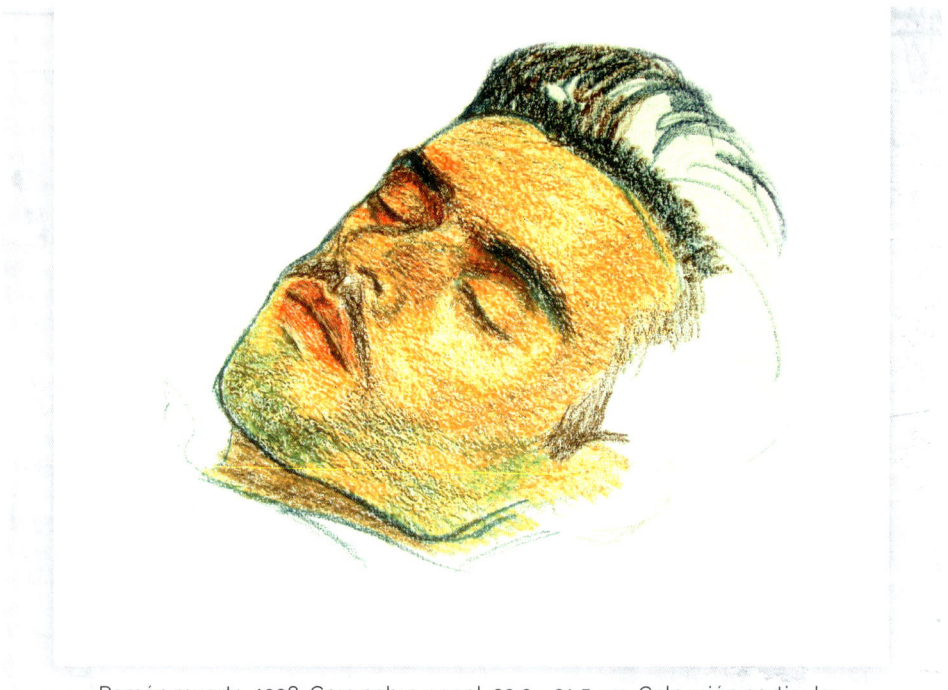

Ramón muerto. 1938. Cera sobre papel. 23,3 x 31,5 cm. Colección particular.

magnífica alma que mi hermano malogrado tenía y que se asomaba a sus bellos y profundos ojos", anota en diciembre. De sus cuatro hermanos, fue con quien se sentía más unido, viviendo con gran preocupación toda su experiencia en el frente. Ramón fue teniente y murió como consecuencia de la infección de una herida de guerra.

2.5 Conclusiones

En los diarios de Jesús Molina se aprecia una nueva mirada a su vida, a su obra y a su época más íntima de la hasta ahora conocida. También una evolución crítica, producto de la guerra, tanto hacia las autoridades republicanas como a los intelectuales que ocuparon responsabilidades en las distintas instituciones, sobre todo las de carácter artístico. Desconfía de unos y otros por aumentar la politización de todos los aspectos de la vida, sobre todo del arte. Aunque Molina está comprometido de forma entusiasta desde el primer momento con la República y trabaja en la propaganda política a través del arte haciendo carteles, se rebela contra la politización de todo el arte, dominado por unos intelectuales en los que deja de creer pronto. La Alianza de Intelectuales Antifascistas le genera enormes dudas desde los primeros instantes de su creación, mostrándose muy crítico con los responsables de la sección de Bellas Artes desde el mes de agosto de 1936. En enero de 1937 viaja a Valencia y sus impresiones son contundentes: "Fui al Ministerio y me pagaron, pero la tercera parte. No estoy conforme porque es ilegal, y además porque veo muchos imbéciles en puestos que no les pertenecen y son los que triunfan". La guerra, para él, había acabado con el espíritu crítico y con la tolerancia del arte y de los artistas. O se hacían con un carné de militancia en alguna de las organizaciones del Frente Popular o se les iba excluyendo y aislando. Esto no lo acepta Molina. Cada día que pasa se muestra más decepcionado, porque no puede desarrollar todo su arte, lo que unido a las dificultades que encuentra para su propia subsistencia le convierten en una persona apagada, sin ánimo, que deja de creer en casi todo y en casi todos. A comienzos de 1937 escribe que ha sufrido muchos desengaños por parte de familiares y extraños: "No tienen arreglo en su equivocado modo de ser y conducirse. Mi padre es una calamidad y mis hermanos parece que le quieren seguir en su carrera de lamentables equivocaciones".

Aun así, no se aprecia ningún titubeo de su espíritu republicano. Incluso llora de emoción al ver a los últimos soldados republicanos el día de la entrada de las tropas franquistas en Madrid. Tampoco puede decirse que aceptara de buen grado la dictadura de Franco, ni mucho menos. Como muchos otros españoles, lo único que quería era que acabara la guerra cuanto antes, casi lo de menos era el resultado. Si la guerra no acababa, su vida peligraba, porque los últimos meses fueron de una carencia absoluta de víveres, lo que le obligó a ser mantenido por familiares, amigos o las instituciones públicas. Por encima de la política estaba el Arte, con mayúsculas. Y la dictadura le permitió vivir de él, aunque apartado de los círculos políticos y sociales, en los que nunca intentó introducirse. "No se exilió al final de la guerra civil, pese a su activa participación con las organizaciones de artistas que trabajaron en defensa de la República, como sí lo hicieron otros compañeros de aquella etapa. Quizá, su frecuente presencia en certámenes oficiales del franquismo, ser un pintor figurativo y que su obra quedase aparentemente fuera de los lenguajes que a partir de los años cincuenta revitalizaron la plástica española fueron algunos de los elementos que contribuyeron –injustamente– a que su nombre se fuese diluyendo en aparente tierra de nadie"[47].

En plena posguerra, marcada por el hambre, el miedo y la dura represión, le llegaron importantes reconocimientos, aunque su figura ha permanecido bastante olvidada hasta hace pocos años, sobre todo hasta 2006, cuando se organizó una espléndida exposición itinerante con gran parte de su obra, que comenzó en su tierra de nacimiento, Zamora, y que continuó por Palencia, Valladolid y León. Pero todavía queda mucho por hacer en este sentido, porque no concuerda su prestigio artístico, en forma de premios y exposición de obras en las principales pinacotecas españolas, con el reconocimiento popular que se tiene de él, incluso en su tierra de nacimiento, Zamora, y en la de adopción, Ciudad Real, en la que pasó su juventud y siempre reconoció como tal.

Los diarios de Jesús Molina permanecieron ocultos desde el final de la guerra, constituyendo un testimonio de primer orden para el conocimiento no solo de sus vivencias y pensamientos particulares, sino de la vida en la retaguardia republicana y del arte propagandístico de la República, que adquirió un notable relieve. También parte de su obra pictórica de la época de la Guerra Civil, la expuesta en París en 1937, permaneció oculta durante muchos años, perdida como otras muchas del pabellón español. Todas fueron encontradas y recuperadas muchos años después en los almacenes del Museo Nacional de Arte de Cataluña en Montjuic, lo que ha permitido su conservación y, posteriormente, gracias a la iniciativa de sus hijos, su exposición en algunos de los principales museos del país, como el Museo Nacional Centro de Arte Reina Sofía. ▎

Notas

1. Los diarios completos de Jesús Molina comprenden el período desde abril de 1935 a octubre de 1939. Han sido trabajados anteriormente por Eduardo Aguirre Romero, 2006, pp. 15-70, aunque con una pretensión más artística que histórica, que es el principal objetivo que tiene este nuevo trabajo.

2. Indalecio Prieto, *Convulsiones de España. Pequeños detalles de grandes sucesos*. México, Oasis 1967, t. I, p. 163.

3. Francisco Alía Miranda, *Julio de 1936. Conspiración y alzamiento contra la Segunda República*, Barcelona, Crítica, 2011, p. 126.

4. *Ibid.*, p. 127.

5. *Ibid.*, p. 232.

6. *Ibid.*

7. *Ahora* (Madrid), 21 de julio de 1936, p. 6, "Notificación oficial de la toma del cuartel de la Montaña".

8. *Ahora* (Madrid), 22 de julio de 1936, p. 1, "En Alcalá de Henares los rebeldes pierden sus posiciones y sus armas".

9. *Ahora* (Madrid), 23 de julio de 1936, p. 1, "Las columnas victoriosas de Toledo y Guadalajara regresan a Madrid y se las tributa un recibimiento cariñosísimo".

10. *Avance* (Ciudad Real), 5 de marzo de 1937, p. 1, "Vivir para la guerra".

11. Palmiro Togliatti, *Escritos sobre la guerra de España*, Barcelona, Crítica, 1980, p. 258.

12. Sobre la marcha hacia Madrid, puede verse a Espinosa Maestre, 2003.

13. Gabriel Cardona, *Historia militar de una guerra civil. Estrategias tácticas de la guerra de España*, Barcelona, Flor de Viento, 2006, p. 54.

14. Bartolomé Bennassar, *El infierno fuimos nosotros. La Guerra Civil Española (1936-1942…)*, Madrid, Taurus, 2005, p. 102.

15. Manuel Tuñón de Lara, Julio Aróstegui, Ángel Viñas, Gabriel Cardona y Joseph M. Bricall, *La Guerra Civil Española, 50 años después*, Barcelona, Labor, 1989, p. 223.

16. Miguel Cabañas Bravo, *Jesús Molina. Vivir una idea (1903-1968)*, León, Caja España, 2006, p. 105.

17. Marco Antonio de la Ossa Martínez, *Una aproximación al teatro, cine, literatura, cartelismo y pintura en la Guerra Civil española*, Arteduca, 9, 2014, p. 6.

18. Javier Cabeza San Deogracias, *El descanso del guerrero: cine en Madrid durante la Guerra Civil española*, Madrid, Rialp, 2005, p. 44.

19. Amparo Alcaraz Montesinos, *La Gran Vía de Madrid, un espacio cambiante y un microcosmos de la guerra civil española*, Madrid, Universidad Autónoma, 2019.

20. J.M. Solé i Sabaté y J. Villarroya, *España en llamas. La guerra civil desde el aire*, Madrid, Temas de Hoy, 2003, p. 315.

21. Palmiro Togliatti, *Escritos sobre la guerra de España*, Barcelona, Crítica, 1980, p. 258.

22. Luis de Sobrón y Enrique Bordes, *Madrid bombardeado 1936-1939*, Madrid, Ayuntamiento, 2019.

23. *Cruz Roja Española* (Madrid), núm. 406 (junio 1936-diciembre 1938).

24. Juan Carlos Collado Jiménez, *Los desplazados de la Guerra Civil. Evacuados de la provincia de Toledo, Toledo*, Almud ediciones de Castilla la Mancha, 2019, pp. 109-136.

25. Rafael Abella: *La vida cotidiana durante la Guerra Civil. La España republicana*. Madrid, Planeta, 2004, p. 141.

26. *El Sol* (Madrid), 8 de febrero de 1937, p. 6, "Los problemas de la evacuación de Madrid".

27. *Paris-Soir* (París), 28 de febrero de 1939, pp. 1 y 7, respectivamente, "A Madrid l'espoir est mort" y "Les derniers jours de Madrid républicaine".

28. Adelardo Fernández Arias, *La agonía de Madrid, 1936-1937 (Diario de un superviviente)*, Zaragoza, Librería General, 1938, p. 169.

29. Ainhoa Campos Posada: "Una lenta e intensa agonía: el desgaste de la retaguardia republicana por el hambre a través del abastecimiento de Madrid en el último año de la guerra (1938-1939)", en E. Higueras, Á.L. López y S. Nieves (coords.): *El pasado que no pasa: la Guerra Civil española a los ochenta años de su finalización*, Cuenca, Ediciones de la Universidad de Castilla-La Mancha, 2020, p. 123.

30. José Manuel Martínez Bande, *Los cien últimos días de la República*, Barcelona, Luis de Caralt, 1973, p. 77.

31. Francisco Alía Miranda, *La agonía de la República. El final de la guerra civil española (1936-1939)*, Barcelona, Crítica, 2015, p. 172.

32. Luis López de Medrano, *986 días en el infierno*, Madrid, Librería Enrique Prieto, 1939, p. 323.

33. Francisco Rodríguez Marín, *En un lugar de la Mancha. Divagaciones de un ochentón evacuado de Madrid durante la guerra*, Piedrabuena, Ediciones de amigos de Piedrabuena, 2003, p. 103

34. Desde enero a mediados de abril de 1939, Francia acogió a más de 453.000 refugiados: 170.000 mujeres, ancianos y niños repartidos en 77 departamentos, y 270.000 excombatientes repartidos por los campos de refugiados. A ellos se sumaban 13.100 que permanecían en hospitales (Alía Miranda, 2015, pp. 136 y 279n).

35. José Manuel Martínez Bande, *Los cien últimos días de la República*, Barcelona, Luis de Caralt, 1973, p. 66.

36. Claudia Gago Martín, *La Alianza de Intelectuales Antifascistas: Defensa de la cultura y derechos humanos en la Guerra Civil española*, Revista Aequitas, Estudios sobre Historia, Derecho e instituciones, 18, 2021, p. 123.

37. Miguel Cabañas Bravo, *Jesús Molina. Vivir una idea (1903-1968)*, León, Caja España, 2006, p. 107.

38. Beatriz de las Heras, *Imagen y Guerra Civil española. Carteles, fotografía y cine*, Madrid, Síntesis, 2017, p. 16.

39. Román Gubern, *La Guerra de España en la pantalla. De la propaganda a la historia*, Madrid, Filmoteca Española, 1986, p. 11.

40. Jesús de Andrés Sanz, *Carteles de la Guerra Civil Española, Atlas ilustrado*, Madrid, Susaeta, 2010.

41. Carmen Grimau, El cartel republicano en la Guerra Civil, Madrid, Cátedra, 1979, p. 18.

42. Inmaculada Julián González, *El cartel republicano en la guerra civil española*, Madrid, Instituto de Conservación y Restauración de Bienes Culturales, 1993, pp. 119-130.

43. Federico Castro Morales, Cartelismo e ilustración gráfica: estrategias de cohesión social durante la Guerra Civil, en B. de las Heras(ed.): *Imagen y Guerra Civil española, Carteles, fotografía y cine*, Madrid, Síntesis, 2017, p. 25.

44. Valeriano Bozal Fernández, El arte durante la República, en Julio Rodríguez Puértolas (coord.): *La República y la guerra. Paz, guerra y exilio*, Madrid, Istmo, 2009, p. 114.

45. Josefina Alix Trueba, Jesús Molina en el Pabellón de París, 1937, en *Jesús Molina. Vivir una idea*, León, Caja España, 2006, p. 81.

46. Josefina Alix Trueba, *El Pabellón Español en la Exposición Internacional de París de 1937*, Ministerio de Cultura, 1987

47. Eduardo Aguirre Romero, Vivir una idea, en *Jesús Molina. Vivir una idea*. León, Caja España, 2006, p. 16.

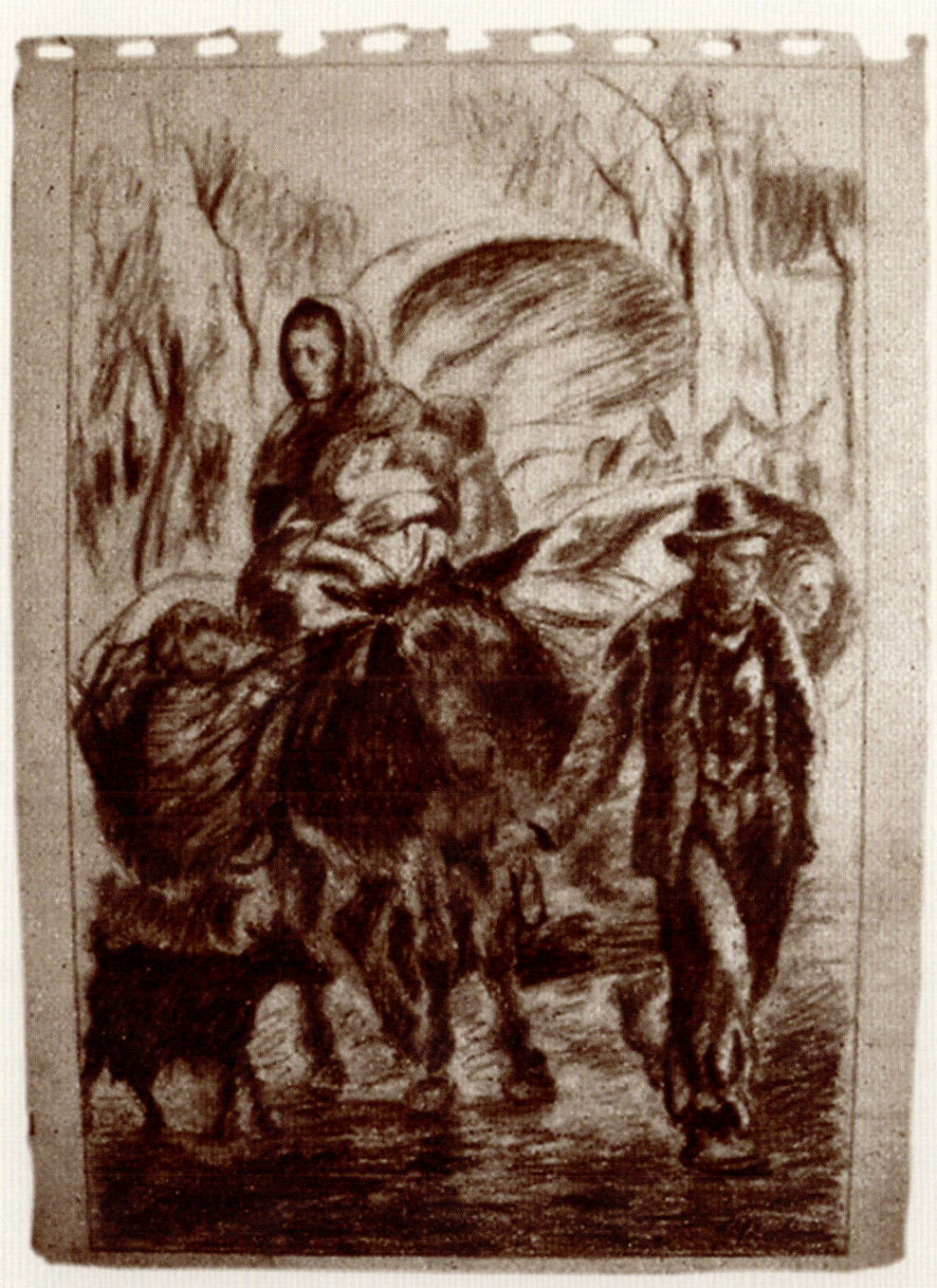

Jesús Molina: el periodo inicial y final de su trayectoria artística. La proyección estética de sus años de formación. Consolidación de su teoría artística en la última etapa pictórica

JAVIER GARCÍA-LUENGO MANCHADO

El presente capítulo, dedicado a la trayectoria artística de Jesús Molina, no aspira a abordar con toda su evolución pictórica y dibujística. Su dilatada, amplia y versátil carrera, así como las numerosas creaciones que componen su catálogo, nos lo impediría.

Sin ser incompatible con lo enunciado, antes al contrario, las siguientes páginas buscan más bien completar los trabajos que previamente han investigado y documentado las etapas artísticas centrales de nuestro autor; básicamente sus años en Roma y el periodo de la guerra civil.

Por ello, en primer lugar, remitimos al lector a los estudios compendiados en el catálogo de la exposición *Jesús Molina. Vivir una idea*. Dicha muestra, comisariada por Eduardo Aguirre Romero en 2006, además de constituir la piedra angular que, en cierto modo, redescubrió a nuestro protagonista, promovió una serie de investigaciones fundamentales a la hora de contextualizar debidamente su pintura en relación con la historia y con las vanguardias de sus días[1].

Destaca así la visión general que de su biografía y su arte ofrece en dicho catálogo el propio comisario. En esta misma publicación, Cabañas Bravo documentó con precisión la producción de Molina realizada durante la estadía en la Academia de España en Roma. Junto a ello, también se incluyó aquí el profuso trabajo de la profesora Alix, consagrado a la creación de Molina en la II República y la Guerra Civil.

Por lo argüido, y abundando en la precitada complementariedad, con el fin de ofrecer nuevos datos, documentación y consideraciones respecto al arte de nuestro autor, parece adecuado centrarnos en los dos periodos que entendemos como menos estudiados o conocidos. Curiosamente, estos serían los "extremos" de su trayectoria: la primera y la última etapa.

Ahora bien, a tenor del rico lenguaje creativo de Molina, amén de sus importantes ideas estéticas, en conjunción con la renovación artística que le tocó vivir, la metodología para afrontar el análisis de sendos periodos huye de la tradicional constatación y descripción de sus fórmulas pictóricas, sino que articulará un engranaje lo suficientemente amplio como para poder enriquecer y perfilar otras lecturas historiográficas de su estética y su idiosincrasia técnica.

Así pues, el primer epígrafe está dedicado a sus años de formación en la Escuela Especial de Pintura, Escultura y Grabado de Madrid, así como a los inmediatamente posteriores, hasta su marcha a Roma en 1932. En este sentido, además de incidir en la trascendencia de las diferentes asignaturas cursadas y de los maestros que tuvo por entonces, sin olvidar su notable faceta autodidacta, tendremos la oportunidad de comprobar hasta qué punto todas aquellas experiencias se proyectaron y perdurarían a lo largo de su amplio quehacer.

De la misma manera, el segundo bloque, consagrado a la pintura de los años finales, se examinará a la luz de los importantes escritos y reflexiones que Molina nos ha legado. En sus memorias, discursos y diarios,

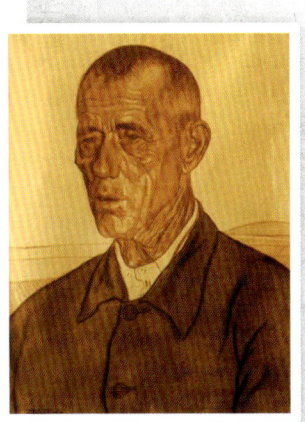

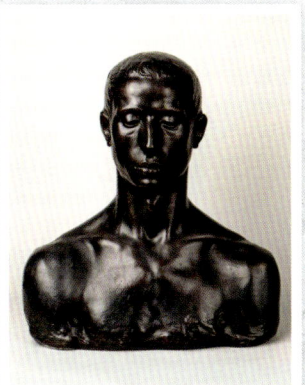

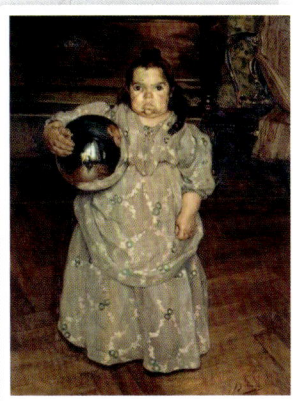

Nobleza castellana
de Molina. 1920-1925.
Sepia sobre papel.
64 x 50 cm.

Minero de Almadén
de Julio Antonio.
Escultura. Paperblog.

Doña Mercedes de
Ignacio Zuloaga.
Museo D'Orsay.

descubrimos una faceta poco conocida de nuestro autor, es decir, su capacidad para la reflexión teórica. Su propia visión del arte en relación con las vanguardias, sumada a sus naturales inclinaciones por la filosofía, la música o la literatura, le permitió establecer unos criterios cuya correspondencia y retroalimentación con la praxis pictórica es más que evidente, especialmente en su última etapa.

3.1 Jesús Molina: dibujante y pintor. Los años de formación y primera madurez (1916-1932). Proyección e influencia en su obra posterior

Un primer acercamiento a la obra de Jesús Molina García de Arias (1903-1968) nos descubre a un autor de indudables dotes artísticas, amén de su virtuosismo técnico innato. De ello dan buena cuenta las pinturas y, especialmente, los dibujos efectuados tanto en sus años de formación como en su primera madurez pictórica, vísperas del correspondiente pensionado en la Academia de España en Roma. Es decir, la etapa que aglutina las avezadas creaciones ejecutadas durante sus estudios –entre

115

el segundo lustro de los diez hasta 1924–, así como su producción inmediatamente posterior, que limitamos a 1932; cuando comience el precitado disfrute de la beca para la Ciudad Eterna. El alcance de este último hecho marcó un antes y un después en su evolución, arrancando otro periodo estilístico, en el cual, según veremos, seguirían muy presentes las enseñanzas y los conceptos prácticos e intelectuales dimanados de las experiencias docentes compendiadas en este capítulo.

Aunque su familia, procedente de tierras zamoranas, se trasladó a Ciudad Real en 1909, cuando nuestro protagonista rondaba los 6 años de edad, no sería temerario afirmar, a propósito de su ulterior inquietud por la figura y el retrato, concebidos al margen del vacuo artificio en pro de un rotundo verismo, hasta qué punto el breve tiempo vivido en Castilla constituyó una notable experiencia estética.

De hecho, sus obras vespertinas, básicamente efigies, constatarían una elocuente decantación por las clases populares, por gentes cercanas interpretadas mediante un realismo y dignidad vinculable a determinadas tendencias y autores que en la España del primer tercio del siglo XX apostaban por una renovación inspirada en obreros, campesinos y, en general, en los ignorados secularmente por la "gran historia" y el " gran arte", convirtiéndose ahora en los héroes y heroínas del mundo contemporáneo. Junto a remotos ecos noventayochistas, tales preocupaciones orillaban al joven Molina a los postulados del modernismo de Isidre Nonell o al Realismo castellano del escultor Julio Antonio, a quien, por cierto, tanto le motivarían los mineros de Almadén (Ciudad Real)[2].

Sin adelantarnos a su postrer camino, pero sin perder de vista dichas referencias, lo cierto es que Jesús Molina dio prontas muestras de su vocación, haciendo posar a familiares y amigos para dibujarlos y recrearlos de diferentes modos y maneras, con el fin de practicar y captar disímiles fisionomías y psicologías. Dichos ejercicios, que acabarían consolidando uno de sus géneros más representativos, permitieron advertir en su tío D. Miguel Pérez Molina, hombre sensible a las artes y a la cultura, a la sazón director de la Academia General de Ciudad Real, las brillantes cualidades de su sobrino, convirtiéndose así en su más destacado valedor y mecenas durante el periodo que aquí estudiamos[3].

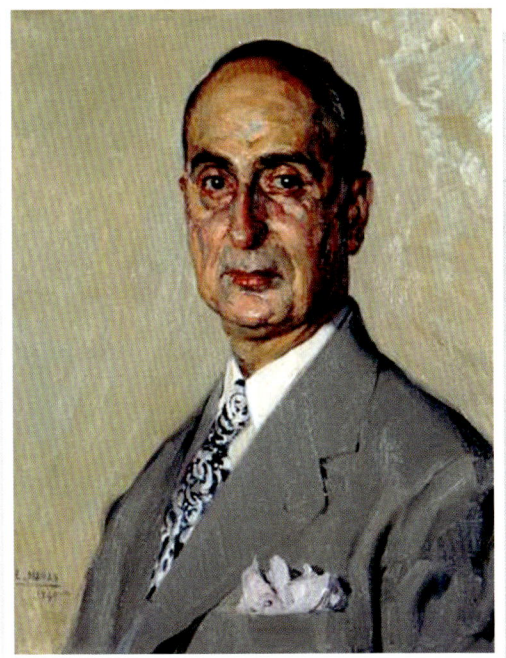

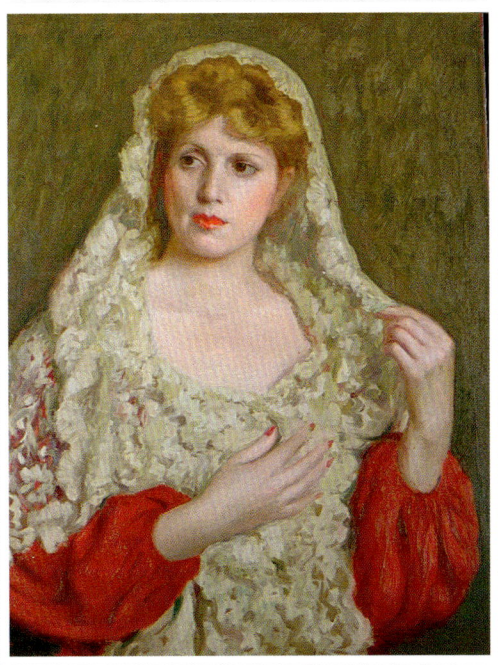

Autorretrato de Enrique Navas Escuriet.
Óleo.

Pepa con Mantilla.
Óleo sobre lienzo (75x65)

Alentado por todo ello, Jesús Molina se matriculó en 1916 en la Escuela de Artes y Oficios de la capital manchega, cursando, según el expediente académico[4], la asignatura de *Dibujo Artístico y Elementos de la Historia del Arte*, impartida por Enrique Navas Escuriet (1875-1952)[5].

No es difícil cotejar el discipulaje que sobre el novel alumno ejerció el pintor valenciano, cuya producción por entonces, según ha demostrado Peña Cervera, se centraba en el retrato y el costumbrismo, plasmados mediante una factura, luz y color, herederos de la tradición finisecular.

Junto a ello, Navas Escuriet destacó por ser un gran copista, contando en su haber con notables reproducciones de maestros del Siglo de Oro: Murillo, Ribera o Velázquez, entre otros. No olvidemos, por otro lado, que la copia constituía uno de los métodos didácticos primordiales en las escuelas de artes. Por tanto, estas incipientes prácticas, como podremos constatar, no serían vacuas en la futura praxis y teoría artística de nuestro protagonista[6].

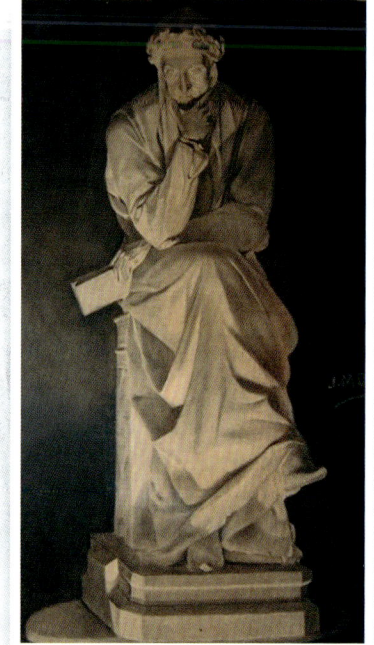

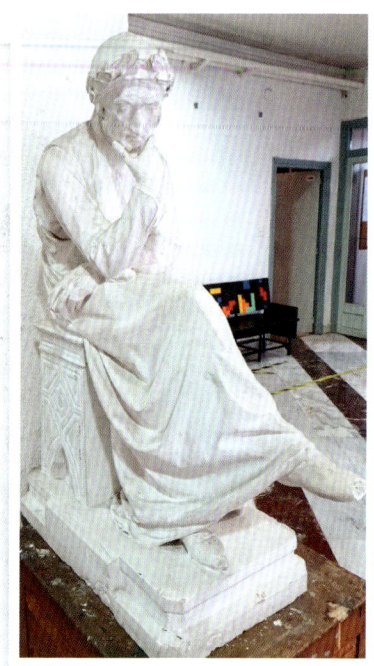

Dibujo de Dante. 1916.
Carboncillo. Escuela de Artes
y Oficios. Ciudad Real.

Figura de escayola de Dante
en la actualidad
en la citada Escuela.

Es precisamente en este contexto donde ubicamos el dibujo del vaciado que la aludida Escuela de Artes y Oficios poseía del famoso *Dante pensativo* de Jerónimo Suñol. Dicho carboncillo, localizado por el profesor Palomares en la Escuela de Artes Pedro Almodóvar de la capital manchega, constata la pronta capacidad de Molina para el dibujo en general y para la copia de estatua en particular, sobresaliendo su juego de volúmenes, luces y sombras. En este mismo centro se conserva el referido vaciado del original de Suñol que le sirvió de modelo, cuya imagen aquí se reproduce. Esta información y fotografía debo agradecerla al profesor Luis Manchado González, docente en la Escuela de Arte Pedro Almodóvar de Ciudad Real.

Con el citado bagaje, con el apoyo de su tío y en compañía siempre de su extraordinaria vocación, Jesús Molina llegó a Madrid en 1917, dispuesto a ampliar su educación en la Escuela Especial de Pintura, Escultura y Grabado, a la que todavía se seguía conociendo popularmente como Escuela de San Fernando.

Para superar el preceptivo examen de ingreso, nuestro autor, como tantos otros aspirantes, frecuentaba el Museo de Reproducciones Artísticas, sito en el Casón del Buen Retiro.

Al mismo tiempo se convertiría en asiduo copista del Museo del Prado, práctica que dilataría en el tiempo, pues ello le permitió analizar y descubrir los procedimientos, la mirada y la prosapia de los grandes maestros de la historia del arte, tan bien representados en dicha pinacoteca.

Además, el novel aprendiz formaría parte de la academia particular regentada por el laureado pintor Fernando Álvarez de Sotomayor (1875-1960), cuyo gusto por el costumbrismo decimonónico, por los pintores del barroco español, así como su excepcional talento para el retrato, tampoco serían ajenos en el aprendizaje y primera madurez del joven manchego.

Respecto a esto último, algo de ello descubrimos en la efigie que nuestro autor realizara en 1923 de su tío, ya citado, D. Miguel Pérez Molina. La pincelada, la pose y la natural elegancia del protagonista, especialmente de sus manos, son claramente deudoras del acervo tardo romántico de Álvarez de Sotomayor.

No en vano, la admiración, enseñanza y coincidencia en sus ideas artísticas y estéticas, hizo que la vinculación de Molina con la academia del que fuera director del Museo del Prado, se prolongase más allá de los meses previos a su acceso a la Escuela de San Fernando.

Las actas de los exámenes de oposición a la Escuela de Pintura, Escultura y Grabado de Madrid nos informan de que Jesús Molina intentó ingresar allí en 1918[7]: no lo consiguió. Sí lo logró un año más tarde, empezando su educación en aquel centro, al que permanecería vinculado hasta 1924[8].

Analizar su expediente académico –conservado sesgadamente en el Archivo Histórico de la Facultad de Bellas Artes de la Universidad Complutense– es revelador para enjuiciar su producción en esta fase de formación, a la luz de la influencia de sus profesores y de aquellas

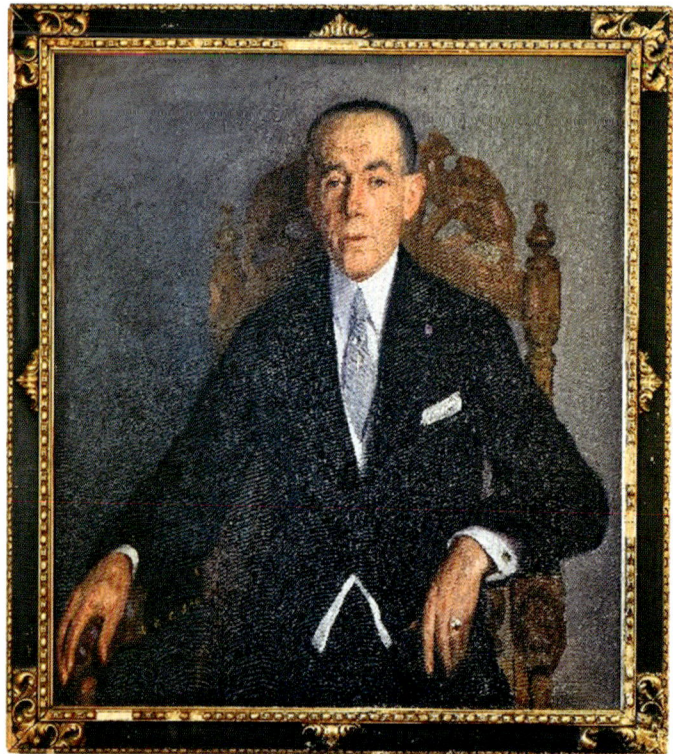

Retrato de D. Miguel
Pérez Molina. 1923.
Óleo sobre lienzo.
98 x 90 cm. Colección
particular. Ciudad Real.

asignaturas que le podrían resultar más sugerentes, si consideramos las calificaciones y premios obtenidos.

Como analizaremos en el apartado dedicado a la teoría artística de Molina, amén de su propio catálogo, lo cierto es que el encuentro con los destacados pintores que ejercían la docencia en la predicha Escuela fue feliz y enriquecedor. La huella de estos profesores, los desafíos impuestos a sí mismo y el ambiente que se respiraba, son detectables y obvios en el Molina de los años veinte.

Por otra parte, la importancia de aquellos estudios reside no sólo en la asimilación de tantos aspectos técnicos y estéticos probados y aprendidos por ahora, sino también por su proyección y consolidación a lo largo de su versátil biografía artística, asumiendo muchas de estas enseñanzas como la esencia de una pintura sincera y personal, comprometida y moderna, clásica y contemporánea a la par.

Figurativo por convicción y dibujista por vocación, Molina se enfrentó por vez primera al análisis de la concordancia entre imagen y espacio

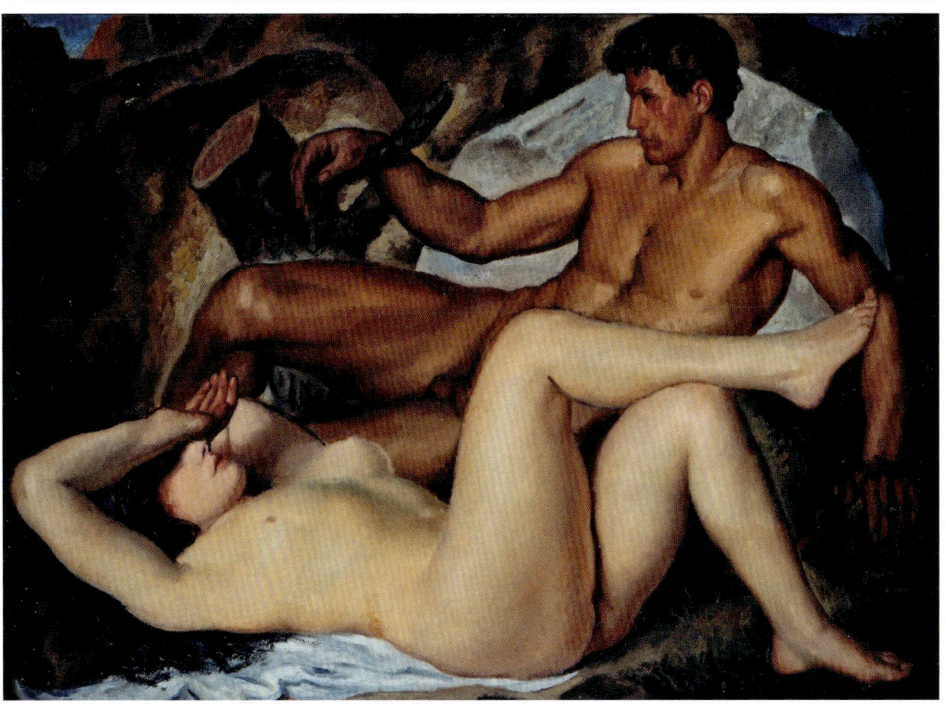

Desnudos. 1932-1933. Óleo sobre lienzo. 137,5 x 180 cm.
Museo Nacional Centro de Arte Reina Sofía. Madrid.

gracias a la asignatura de *Perspectiva*, impartida en aquel entonces en San Fernando por Manuel Marín Magallón, quien concedió al joven estudiante diploma de 2ª clase en la convocatoria de mayo del curso 1919-1920[9].

Las competencias adquiridas en esa materia se confirmarían en sus desnudos, género que cultivó con intensidad y acierto durante el pensionado en Roma. Precisamente, ciertos óleos pintados en la época italiana: *Desnudos* o *Tres desnudos. Descansando en el campo*, descubren su extraordinario conocimiento del cuerpo humano recreado desde diferentes puntos de vista, a veces muy complejos.

El atractivo de tales composiciones, que bien podemos adscribir al retorno al orden, singular de la renovación estética de entreguerras, radica en las complicadas poses y maneras de los protagonistas, exhibiendo, además, la relectura que en los primeros treinta del siglo pasado Molina efectuó de la estatuaria clásica y de la pintura de Miguel Ángel.

Junto a lo dicho, en las pinturas citadas atisbamos una indudable investigación de la morfología humana, con la que ya se había familiarizado en *Anatomía artística*, asignatura cursada en la Escuela Especial de Pintura, Escultura y Grabado de la mano de José Parada Santarín, habiendo alcanzando diploma de 1ª clase en la convocatoria de mayo del año académico 1919-1920[10].

Ahora bien, la genuina pericia de nuestro autor por la anatomía se entiende, en primer lugar, a partir de su temprana inquietud por la figura, amén del peso que, también muy temprano, ejerció sobre él la tradición clásica, en concreto la escultura romana y griega. De hecho, las múltiples copias de estatua efectuadas en el Museo de Reproducciones durante el periodo que aquí abordamos, anunciaban la eclosión figurativa y clasicista de sus años en la Academia de España en Roma.

Por lo argüido, y volviendo a los estudios de Molina en San Fernando, no es baladí traer a colación a José Garnelo y Alda, quien fuera su profesor de *Dibujo del Antiguo*. Pintor a caballo entre la tradición decimonónica y el impresionismo, que siempre respetó y admiró, Garnelo halló en el dibujo la piedra angular de su poética y de su actividad docente, lo cual se avenía a bien respecto a la consustancial inclinación de Molina por tal disciplina.

Precisamente, la combinación entre dibujo y técnica impresionista, se descubre, de nuevo, en el género predilecto del biografiado por aquellos años: el retrato. *Alegre juventud* y *Pilar García, mi madre,* son paradigmáticos, al ponernos ante su original empleo del grafito de diversos colores aplicado mediante un toque fresco y rápido –parangonable a los pasteles de Degas–, recreando así unos rostros donde la lozana juventud de la primera, se contrapone al sufrido gesto agotado, de ojeras marcadas por el sacrificio y el trabajo, de la segunda.

En resumen, una vez más, la experimentación técnica se coaliga con la destacada inquietud de Molina por el retrato psicológico, aprendido desde su trabajo en torno a Velázquez, cuya obra tantas veces copiaría en el Museo del Prado.

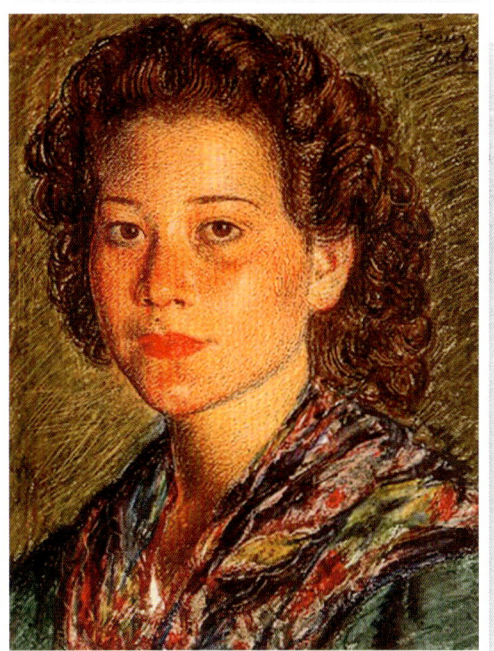 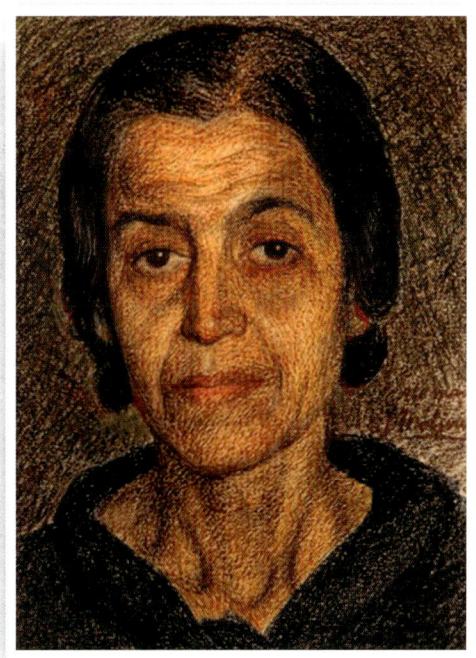

Alegre juventud. 1925-1930.
Cera sobre papel. 42 x 32 cm.
Colección particular.

Mi madre. 1925-1930.
Cera sobre papel.
36 x 27 cm. Colección particular.

Inferimos así otra característica en la producción de nuestro autor: su peculiar simbiosis entre la tradición pictórica española y la innovación de progenie francesa; fenómeno que nos retrotrae al proceso paralelo vivido en Francia durante la segunda mitad del siglo XIX, cuando la influencia de Velázquez o Goya alentaría la génesis y posterior despunte del realismo, el impresionismo y el postimpresionismo.

A propósito del acervo galo finisecular en el quehacer del manchego, éste no se limitaría al periodo formación y primera madurez, sino que iría mucho más allá, siendo detectable en dibujos a lápiz como *Escena de café*, de su época italiana, o en el incluido en el álbum dedicado a Florentina Rodríguez de Rivas por Azorín, Dolores Catarineu, Manuel Machado y nuestro protagonista[11]. Si bien tal cuaderno se data en 1944, la obra que nos ocupa bien la podemos fechar con anterioridad, dadas sus concomitancias con el arte gráfico francés decimonónico, no lejano a las enseñanzas de San Fernando asumidas por Molina en el primer lustro de los veinte. Así lo apreciamos en los ecos *plenairistas* y en esa

123

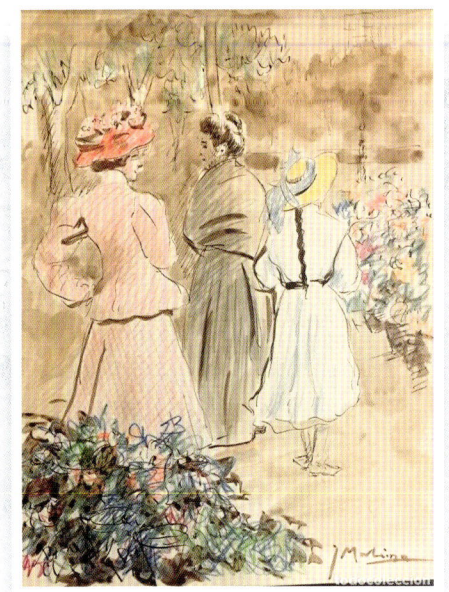
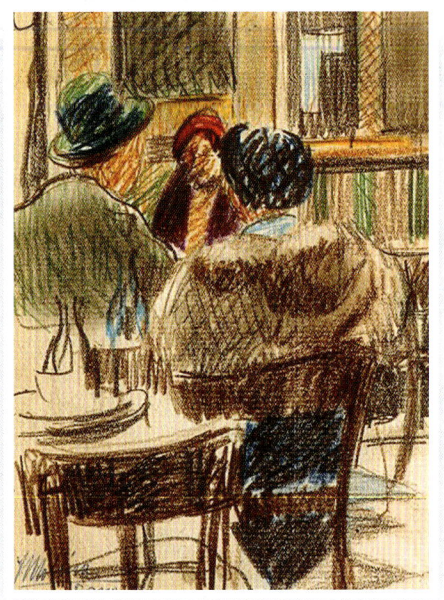

Dedicatoria a Dolores Catarineu. 1944.
Dibujo. Todocolección.

Escena de café. 1935. Lápices de color
sobre papel. 17 x 12,3 cm. Roma.

linealidad fluida y modernista pareja a Toulouse-Lautrec, propia de la grafía de Molina en los veinte y treinta del siglo pasado.

Precisamente, dada la relevancia del dibujo en la trayectoria del nutrero, tanto como género en sí como en su concepción última de la pintura, no es baladí insistir de nuevo en las enseñanzas de Garnelo y Alda al respecto. En sus clases se trabajaba tal disciplina como si se tratase de los propios cimientos de la práctica pictórica. Para el profesor valenciano…

la labor importante del artista no ha de ser para nosotros retener un momento o una vista con nimiedad en los detalles, sino resumir su impresión y hacer trabajo sintético y expresivo de todo lo visto, haciendo composición original, impresión fundamental de lo que ha presenciado sus ojos. [...] El establecer ejercicios de memoria y dibujos de objetos en movimiento, responde, a una necesidad de estos tiempos; a la corriente de espiritualidad y emoción que el arte moderno demuestra ávido de interpretar[12].

El interés de Garnelo por la didáctica del dibujo –evidente en sus múltiples conferencias y congresos internacionales– le permitió establecer una metodología docente basada en la relevancia de la silueta, el modelo en movimiento y la expresión personal del creador.

Todos esos aspectos son notables desde muy temprano en la producción de Molina. Los ejemplos citados más arriba, sus pinturas romanas, los dibujos de esta misma época o los realizados durante la guerra civil, no hacían sino constatar lo enraizado de tales conceptos, técnicas, procedimientos y experiencias, asumidas ya, insistimos, desde esta etapa estudiantil.

La aportación de Garnelo en el ulterior quehacer del manchego no se circunscribiría sólo a lo hasta aquí enunciado. Coincidiendo con los años de docencia de Molina en este centro, el genial enguerino realizó un viaje a Grecia, marcando un antes y un después en su trayectoria, como pintor y docente, trasmitiendo a sus alumnos la empatía por la Hélade, por su arte, por su paisaje y por su cultura. Lo que, en cierto modo, vendría a reforzar las inquietudes del biografiado por todo ello, al igual que en otros compañeros de aula, muchos de los cuales, curiosamente, acabarían optando y disfrutando –como él mismo– del correspondiente pensionado en la Academia de España en Roma: Joaquín Valverde, Timoteo Pérez Rubio, Gregorio Prieto, etc.

No en vano, comparando algunas de las copias de estatuas clásicas efectuadas por Molina en la asignatura de Garnelo y Alda o las realizadas en el Museo de Reproducciones, con otras de los jóvenes artistas aludidos, vislumbramos unas inquietudes comunes, incluso cierto "aire de familia" que nos habla de una fascinación compartida, de una inclinación común respecto a la antigüedad romana y griega; interés que tiempo más tarde sería acicate en las poéticas vanguardistas de esos incipientes pintores.

De hecho, los nombres más sobresalientes de la promoción de Molina en la Escuela Especial de Pintura, Escultura y Grabado de Madrid, participaron de la modernidad del retorno al orden, donde la reinterpretación contemporánea de la tradición clásica acampó por doquier en múltiples disciplinas: desde la pintura de Picasso o Grosz, hasta en la música de Stravinsky o Falla y, por supuesto, en los intelectuales reunidos en torno a la revista italiana *Valori Plastici*, que tanto influiría en los becarios

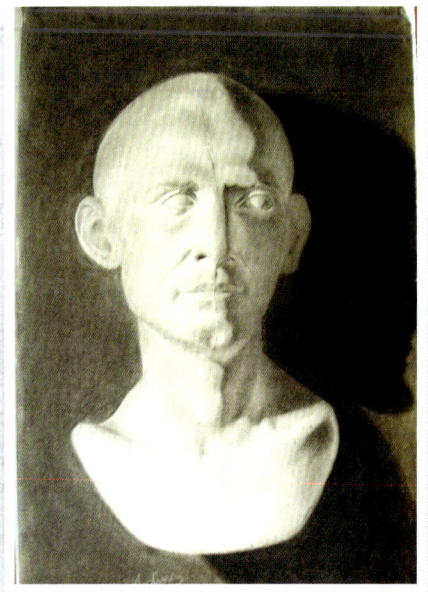

Dibujo de un busto de hombre en
escayola. 47 x 31 cm.
Colección particular.

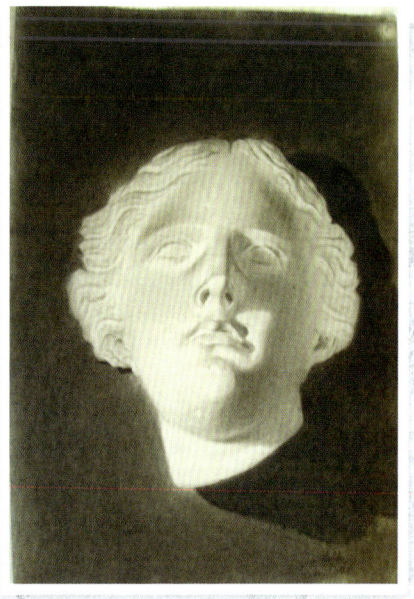

Dibujo de cara de joven en escayola.
47 x 31 cm. Colección particular.

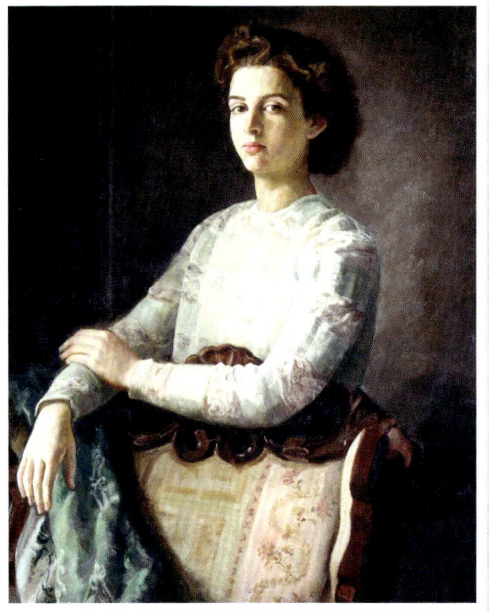

Retrato de Amparo Gavira
de J. Valverde. 1943. Óleo/lienzo.
Real Academia Bellas Artes San Fernando.

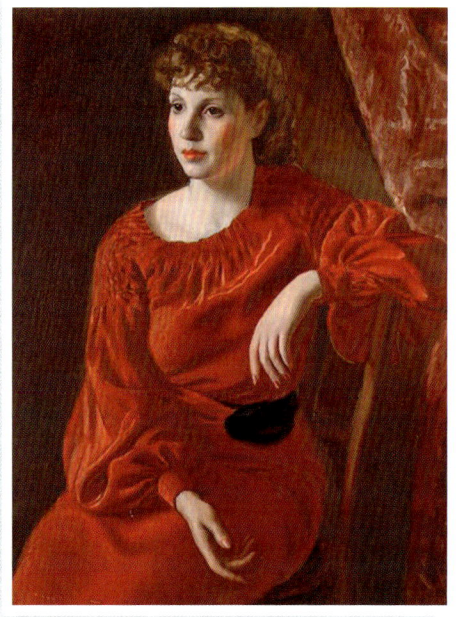

La Bella. 1943. Óleo sobre lienzo.
105 x 82 cm. Museo Nacional Centro
de Arte Reina Sofía, Madrid.

españoles de la Academia de Roma durante la década de los veinte y treinta[13].

Por lo explicado, en cierto modo, la prematura inquietud de Molina por la escultura clásica recreada mediante su peculiar silueta, fluida y precisa, mórbida y elegante, se adelantaría a los presupuestos de dicha corriente estética. Lo cual se consolidaría en la producción de sus años romanos, en los dibujos de la guerra civil, sin olvidar el peso que todo ello tendría en sus elegantes retratos de los cuarenta, equiparables a los efectuados por su otrora compañero en San Fernando: Joaquín Valverde[14], cuya evolución en tantos aspectos fue paralela a la de nuestro biografiado.

Pero la valía de Molina para el dibujo durante sus estudios en la Escuela Especial de Pintura, Escultura y Grabado, no sólo se confirma en los retratos conservados de aquella época o en las copias de estatua, sino también en los ejercicios presentados para asignaturas como *Pintura decorativa*, impartida por Enrique Simonet (cursada en el año académico 1920-1921) o *Grabado en dulce* (donde aparece matriculado en el mismo periodo que la anterior), cuyo magisterio corría a cargo de Carlos Vegue y Goldoni[15]. No le resultó difícil a Molina superar esta materia, pues tal técnica de estampación requiere un alto dominio de la línea, proceso donde ya descollaba nuestro autor, antes incluso de ingresar en la Escuela de San Fernando.

Prosiguiendo con el periodo formativo de Jesús Molina en la Escuela Especial de Pintura, Escultura y Grabado de Madrid, destaca el diploma de primera clase concedido en *Ropajes* por Julio Romero de Torres – convocatorias de febrero y mayo– en el curso 1920-1921[16].

Las enseñanzas del cordobés son evidentes en el hálito simbolista de algunos dibujos del manchego datados en la década de los veinte. En concreto en una serie de féminas cuyo verismo no es incompatible con un regusto misterioso y costumbrista próximos a los postulados de Romero de Torres.

Así lo vislumbramos en *Chica con rodetes* o *Mujer con velo*, dibujos ambos que reflejaban, por otro lado, la consustancial capacidad del biografiado para el natural, sin renunciar a un afán trascendente o a la

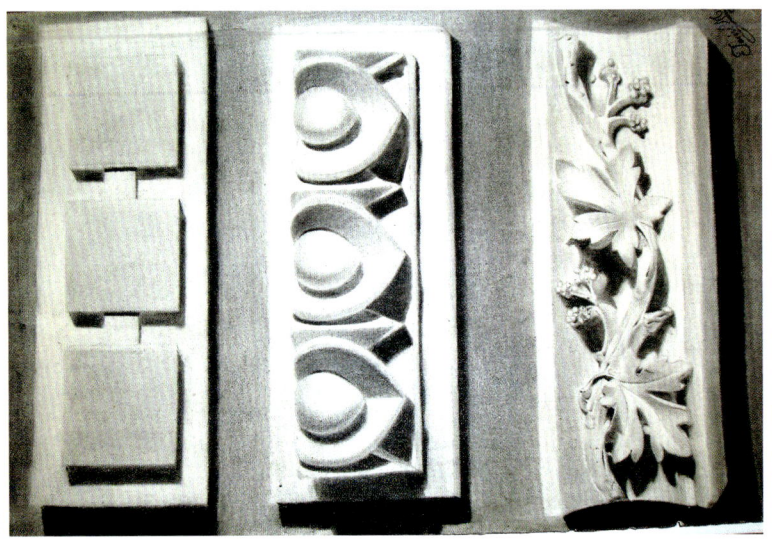

Dibujo de frisos de escayola. Colección particular.

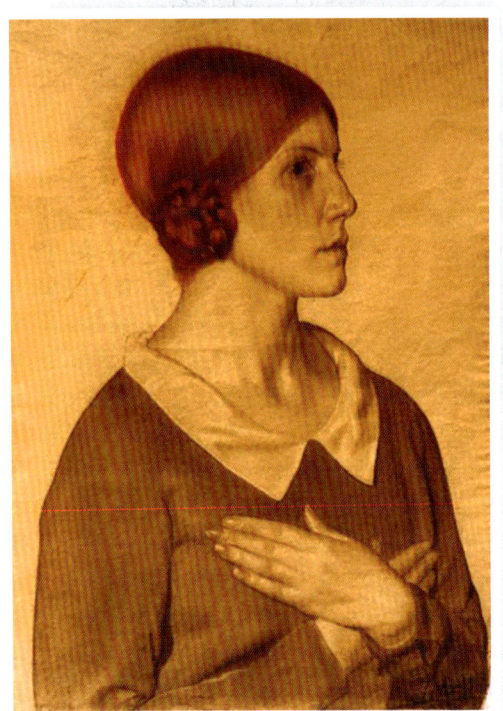

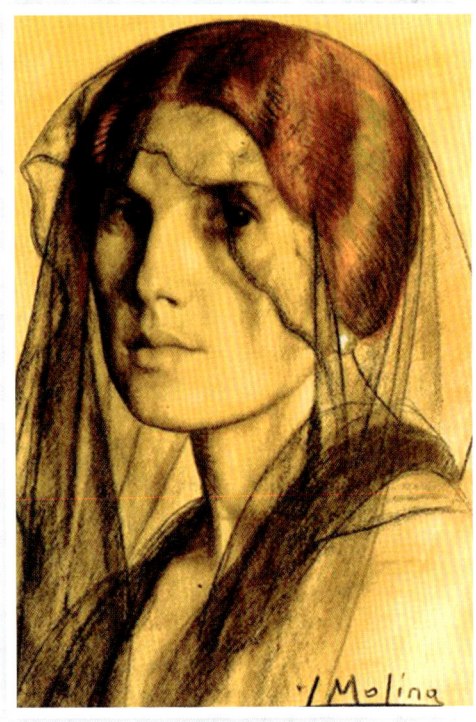

Chica con rodetes. 1925-1928.
Sepia sobre papel. 60 x 45 cm.
Colección particular.

Mujer con velo. 1928.
Sepia sobre papel. 42,5 x 31,5 cm.
Colección particular.

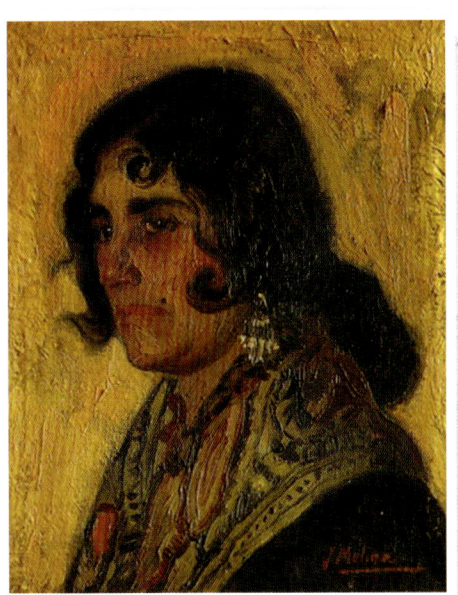

Gitana con pañuelo. 1925-1930.
Óleo sobre lienzo. 45 x 35 cm.
Colección particular.

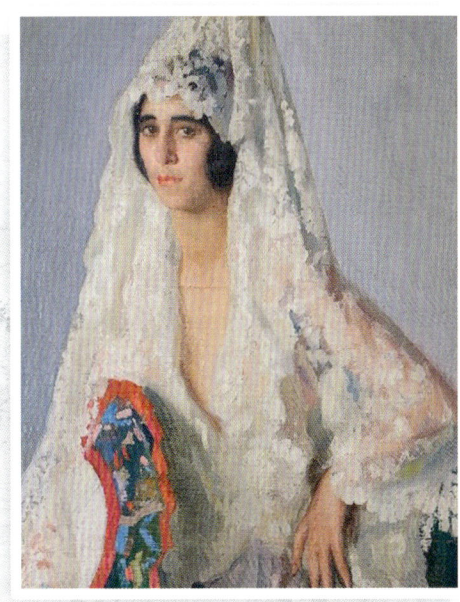

La gitana. Años 20. Óleo sobre lienzo.
100 x 70 cm. Colección particular.
Ciudad Real.

captación psicológica. Ambos ejemplos definen un estilo personal que, en este momento, se centraba en una búsqueda, en una investigación, de cariz simbolista.

Lo referido es aplicable igualmente a los óleos que por estos mismos años plasman una iconografía semejante. La concepción humana y estilística de *Gitana con pañuelo* e incluso la mirada anhelante y melancólica a la par de *Mi prima Pepa*, revelan no sólo lo aprendido de Romero de Torres, sino la vinculación del manchego a los remedos noventayochistas latentes aun en las enseñanzas de San Fernando y en el Madrid de la época. Sendas pinturas son herederas del folclorismo recreado y poetizado a partir de disímiles visiones y sensibilidades a principios del siglo XX; recordemos a Anglada Camarasa, Sorolla, Gutiérrez Solana, Regoyos...

Nuestro biografiado, atento a su aquí y a su ahora, no escaparía a esta seducción. Esta *Gitana*, luciendo peineta y mantilla, amén de la pose, coadyuvan a reescribir su retratística desde esos arquetipos simbolistas y costumbristas. No obstante, al margen del título, es evidente que estamos ante la efigie de una dama de la burguesía manchega o de su círculo más íntimo. Así lo sugiere la sofisticada mantilla o la elegancia lánguida de la protagonista, modos y maneras enraizados con la ya referida influencia de Sotomayor.

Ahora bien, las pinturas comentadas nos ponen ante un Molina que, al margen de sus dotes dibujísticas, aborda el reto del color y de las posibilidades que ofrece el óleo. Su técnica cromática, suelta y abocetada, encarna los caminos expresivos que, por otra parte, aprendió de Cecilio Pla en la asignatura de *Teoría Estética del Color*[17].

La concepción pictórica del pintor valenciano actualizaba los intereses impresionistas, interpretados, eso sí, desde su oriunda luminosidad levantina, magisterio que Molina aplicó en los paisajes del periodo que aquí analizamos. Si bien, este furioso cromatismo inicial se moderaría con el paso del tiempo en pro de una exaltación lineal tan singular de sus años romanos y de los retratos de los cuarenta. Habría que esperar, según veremos, a su último periodo estético –años cincuenta y sesenta– para apreciar de nuevo hasta qué punto el sentido del color aprendido en su mocedad, resurgiría en bodegones y paisajes con tal fuerza que parecen rozar la abstracción cromática.

Junto a lo argumentado, no hemos de pasar por alto que el sentido de la luz y el color del Molina de los años veinte y primeros treinta –rescatado, insisto, en su periodo final– fue promovido igualmente por la cátedra de *Paisaje* de la Escuela Especial de Pintura, Escultura y Grabado.

Nuestro biografiado formó parte de la promoción que asistió a un importante cambio respecto a dicha cátedra, tantos años desempeñada por Muñoz Degrain y de la que ahora se ocuparía –por poco tiempo– Joaquín Sorolla. También trocaría su nomenclatura, al unificarse dos materias: *Paisaje, Colorido y Composición*.

En cualquier caso, aquella asignatura era, por entonces, la abandera de una atemperada modernidad en este centro de enseñanza artística, al asumir remotos paradigmas impresionistas a la hora de concebir el paisaje. Para su práctica eran frecuentes las excursiones a diferentes parques madrileños –Jardín botánico, Retiro– para que los alumnos captaran los efectos atmosféricos en toda su naturalidad y frescura. Tal metodología acabó por acuñar un reconocible estilo paisajístico en la promoción de Molina.

Pocas veces se ha tratado la capacidad e importante presencia de dicho género en su abundante producción, y en concreto en el periodo que nos ocupa. Sin embargo, abundan los paisajes conservados, sobresaliendo por su calidad y personalidad los del periodo aquí expuesto. Todo lo cual, viene a confirmar su atracción por la naturaleza en general y por los efectos atmosféricos en particular. No en vano, los ejemplos conservados, atestiguan hasta qué punto Molina acuñó un estilo personal en la paisajística realizada durante sus años de formación y primera madurez, claramente relacionable con la Escuela del Paular.

Si bien es verdad que no hemos encontrado documentos de archivo o referencias bibliográficas que constaten la presencia de Molina en la precitada Residencia del Paular, para llegar a esta conclusión nos apoyamos en los datos recogidos por la prensa[18], y, sobre todo, en sus propias vistas campestres y rurales, ejecutadas en la primera parte de los veinte, que bien podemos catalogar en lo que Francisco Pompey –primer director de aquella Residencia– catalogó como grupo del Paular[19].

Es en 1918 cuando se crea de manos del entonces Director General de Bellas Artes, Mariano Benlliure, la Residencia de Paisajistas de El Paular[20]. Si desde hacía tiempo, como decíamos, la modernidad en San Fernando y en general en el panorama pictórico madrileño venía del paisaje, lo que se pretendía con aquella experiencia era consolidar los logros alcanzados en tal género con anterioridad dentro de la misma institución a través de personalidades casi míticas por entonces como Carlos de Haes o Aureliano de Beruete. Se trataba de formar una colonia de noveles pintores que durante los meses de verano conviviesen entre sí en continua relación con la naturaleza, con el fin de *constituir ambientes propicios para la creación artística basada en la expresión del natural al aire libre y para fomentar el estudio común y mutuo conocimiento de los jóvenes artistas*[21].

De este modo, se abría un nuevo camino para la tan reclamada renovación en los sistemas de enseñanza de la Escuela Especial de Pintura, Escultura y Grabado, pues con la fundación de esta Residencia, la abanderada de la enseñanza oficial se hacía eco de lejanas experiencias europeas finiseculares: los Nabis, la Escuela de Barbizon... De hecho, la colonia de El Paular fue *definida por algunos autores como la segunda Barbizon española tras la escuela catalana de Olot*[22].

Al margen de los ejemplos referidos, existían modelos más cercanos en cuanto a la exaltación intelectual y artística del paisaje y la naturaleza. Baste recordar en este sentido las experiencias llevadas a cabo por la Institución Libre de Enseñanza o la Sociedad Española de Excursiones, pues desde la segunda mitad del decimonono asistimos al descubrimiento de la naturaleza como fuente básica de aprendizaje y enseñanza, siguiendo los dictados psicopedagógicos del krausismo, muy en boga en este momento[23]. Según demostraremos más adelante, los aludidos sistemas didácticos serían importantes en el caso de Molina, dadas sus notables inquietudes intelectuales y filosóficas a la hora de concebir el sentido último de la pintura y de su praxis artística.

El propio Benlliure, cuando trabajaba en este proyecto, afirmaba que a lo que se aspiraba con el pensionado de El Paular era que fueran…

a pasar cuatro meses anuales un determinado número de alumnos que hayan obtenido buenas notas en los concursos, y pasarán los meses de verano viviendo gratuitamente y dedicándose a pintar paisajes, que en el otoño se presentarán en una exposición y serán premiados los mejores[24].

A tenor del precitado expediente académico de Jesús Molina, de sus calificaciones y premios, lo cierto es que bien cumplía con esos paradigmas, tanto por la fuerza de su vocación como por la tantas veces aludida pericia técnica, demostrada en las diferentes asignaturas cursadas en San Fernando.

La beca en El Paular incluía la estancia gratuita en el monasterio durante los meses de julio, agosto y septiembre, así como una pequeña suma en metálico para los gastos propios del pensionado. Al final del verano se realizaría una exposición con los trabajos de los alumnos ejecutados durante el estío. La finalidad de todo ello era, en primer lugar, como ya se ha señalado, ampliar la formación de los aprendices, y en segundo término, aunque en absoluto menos importante, la promoción de esos jóvenes a través del premio al mejor cuadro allí realizado y la posibilidad de exponer sus obras, siendo éste el modo más común de ir salvando niveles para consolidar paulatinamente una trayectoria.

Durante el verano, la expedición debía ocupar hospedería del antiguo Monasterio de El Paular, ruinoso desde su desamortización. El aspecto que presentaban estas celdas era el de *paredes húmedas llenas de salitre y desconchadas, celdas apenas sin luz ni aire, comedor desmantelado, cocina negruzca, retretes sin agua corriente*[25]. Lo cierto es que esta situación no cambiaría mucho a lo largo de sucesivas promociones. Empero más allá de estas contrariedades y sobre todo la dificultad de los bajos presupuestos, la inquietud y afán de los alumnos hacía que el buen ambiente y las ganas de aprender superasen con creces los inconvenientes señalados.

Si bien el Monasterio de El Paular y sus aledaños eran el centro de operaciones durante los meses del pensionado, tal y como recogía el reglamento[26], podían hacerse excursiones a otros parajes y pueblos cercanos, para explotar al máximo las posibilidades de un entorno tan pintoresco y rico en matices lumínicos y atmosféricos, ya que de lo que se trataba era de que, al modo de los impresionistas, los nóveles pintores captasen la naturaleza en todas sus variantes. La prueba más evidente de las referidas jornadas artísticas son algunas de las obras que hasta nosotros han llegado de Molina y sus compañeros, quienes pintaron los entornos de Rascafría, Buitrago y distintos parajes del valle del Lozoya.

Los primeros becarios del Paular acabaron por definir un estilo que bien podemos vincular no sólo a lo aprendido en la asignatura de *Paisaje* de San Fernando, sino más específicamente a una estética, a unos conceptos y experiencias forjadas desde el compañerismo y los paradigmas docentes consolidados gracias a esta experiencia.

En efecto, los cuadros agrestes realizados entonces por las promociones inaugurales del Paular: Gregorio Prieto, Pérez Rubio, José Frau, Eduardo Santonja y, por supuesto Jesús Molina, responden a unas características

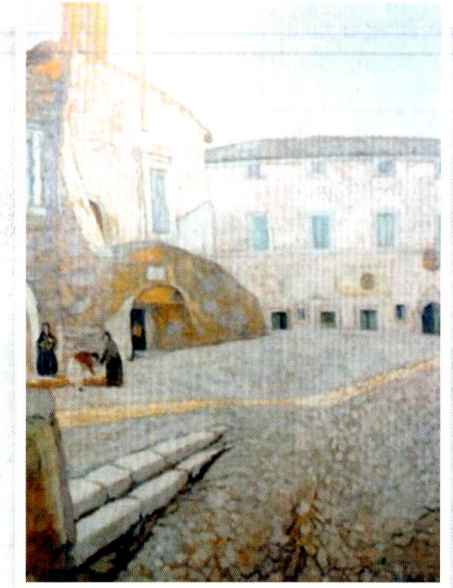 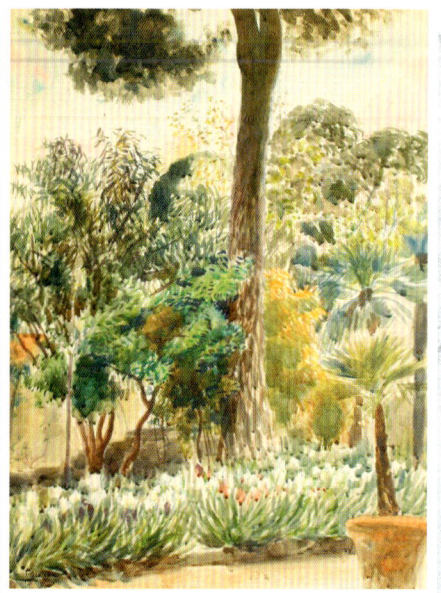

Plaza de Buitrago de Lozoya de Timoteo Pérez Rubio. c.1920. Museo Extremeño e Iberoemericano de Arte Contemporáneo.

Paisaje. Acuarela sobre papel (50x65).

semejantes, definidas por los débitos postimpresionistas de pincelada rápida, en ocasiones puntillista, abundancia de tonos malvas, ausencia de negros y luces intensas destinadas recrear rincones intimistas.

Ahora bien, si atendemos al testimonio del propio Molina, todo lo dicho, no escaparía tampoco a la influencia que sobre él ejerció el pintor ciudadrealeño Ángel Andrade, quien, según recoge el profesor Palomares, nuestro biografiado consideraba un maestro esencial[27].

Recordemos la original interpretación pictórica que Andrade acuñó de La Mancha a principios del siglo XX. Su tamiz impresionista lejano a los manidos discursos románticos y quijotescos, alentaron en nuestro autor la prosecución de un paisajismo personal, interesado por los efectos lumínicos, aéreos y cromáticos que plasmaban parajes recoletos y apartados. Recursos y discursos no muy lejanos, por otra parte, a lo que se buscaba en El Paular.

En definitiva, el magisterio de Andrade y de El Paular, en absoluto incompatibles, al contrario, son elocuentes en tantos paisajes realizados

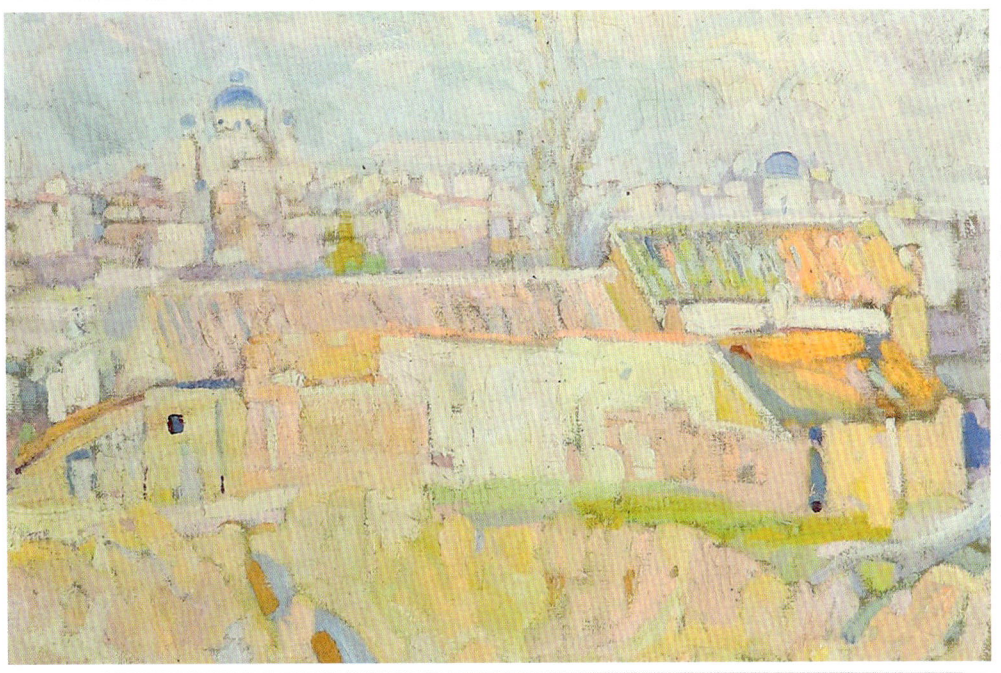

Paisaje de Joaquín Valverde. 1918. Óleo/lienzo. Fundación Gregorio Prieto.

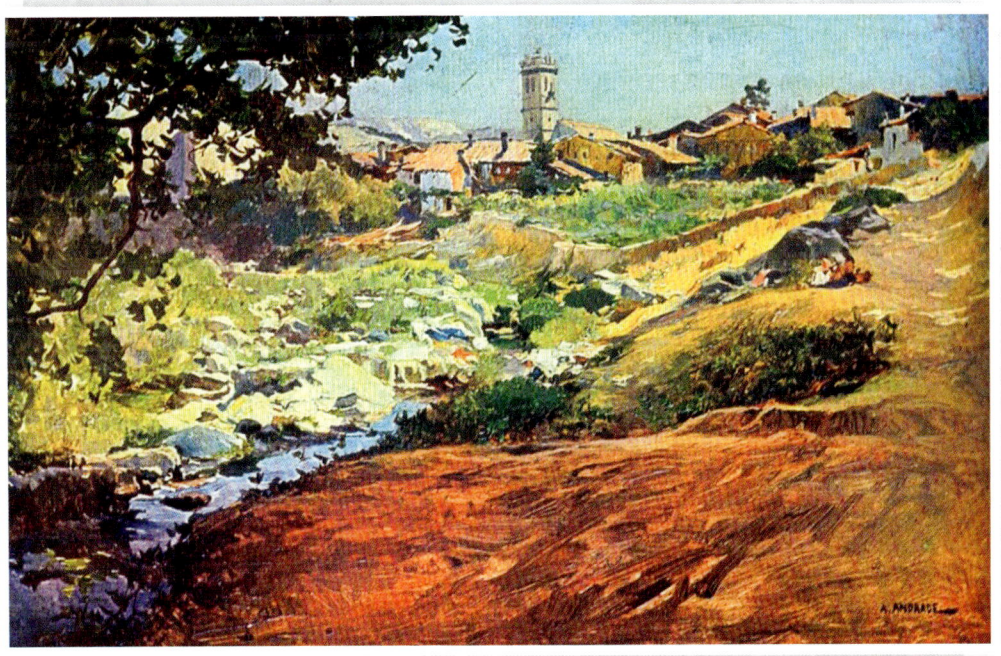

Pueblo con torre y riachuelo de Ángel Andrade. Óleo/tabla. 21,5 x 34 cm.

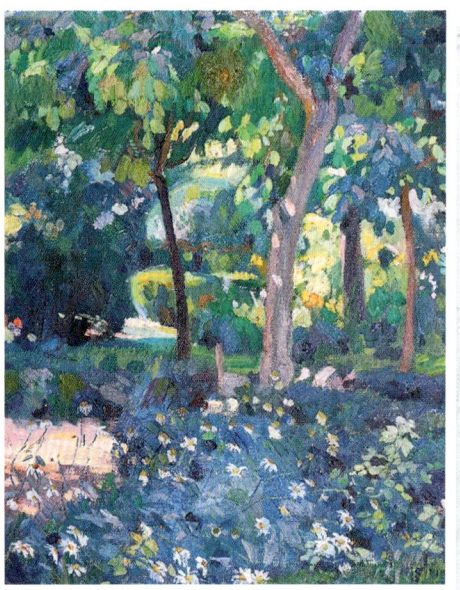

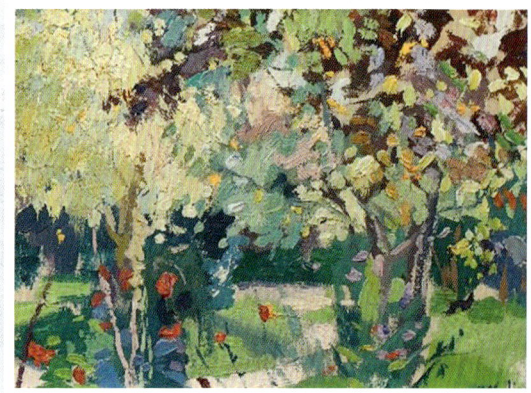

El jardín. Óleo sobre lienzo.
61 x 50 cm. Colección particular.
Ciudad Real.

La primavera. Óleo sobre lienzo.
20 x 28 cm. Colección particular.
Ciudad Real.

por Molina durante la tercera década de la centuria pasada. Véanse ejemplos como: *Castillo*, *Puente*, *Jardín*, *Paisaje* o *La primavera*. En todos ellos prima una pincelada abocetada, la investigación lumínica y unas coloraciones comunes a otros compañeros del Paular, prodigas en malvas, rosas y, en general, tonos suaves.

De hecho, las características enunciadas son reconocibles y comparables con las vistas agrestes de aquellos otros alumnos que disfrutaron de esta beca por entonces: Timoteo Pérez Rubio, José Frau, Enrique Igual Ruiz, Gregorio Prieto, Eduardo Santonja, etcétera[28].

Dentro de las asignaturas prácticas cursadas por Molina en la Escuela Especial de Pintura, Escultura y Grabado de Madrid, tuvo especial relevancia *Dibujo del natural,* donde no sólo alcanzó diploma de 1ª clase en las convocatorias de febrero y mayo, sino que también fue premiado con medalla a final de curso. Ello no es extraño, pues ya hemos visto el bagaje que a este respecto atesoraba el biografiado; prestancia fomentada aún más por el profesor que de ella se encargaba: José Moreno Carbonero.

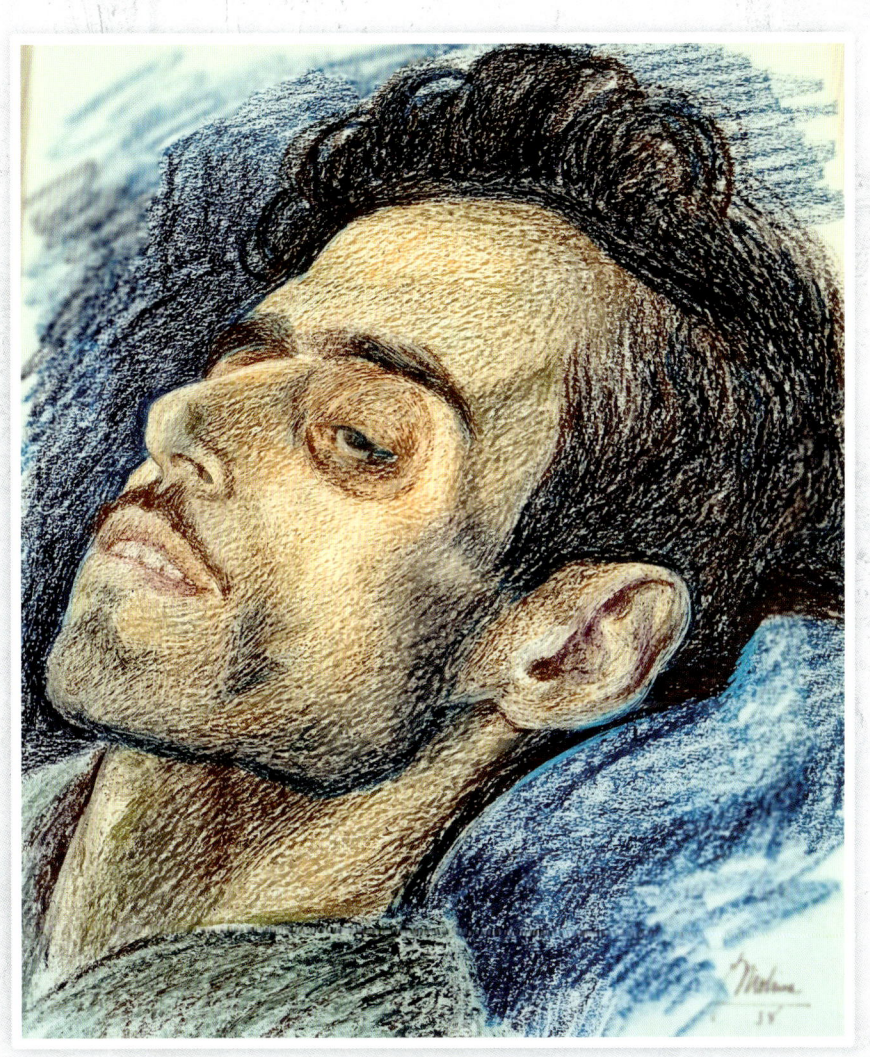

Ramón agonizando. 1938. Ceras sobre papel. 32 x 26 cm. Colección particular.

Si bien es cierto que Carbonero continuaba anclado en los principios realistas del siglo XIX, precisamente aquellos ideales debieron acrecentar el gusto de Molina a la hora de captar el cuerpo en general y el retrato en particular, con esa sinceridad que le definió desde los tempranos tiempos en que hacía posar a familiares y amigos como modelos cercanos y recurrentes.

Tal rigor, señalado al inicio del presente capítulo, es elocuente en las efigies gráficas que durante los primeros veinte realizó de sí mismo, amén de los retratos de su padre o de su hermano Ramón, a quien tantas veces dibujó durante su trágico final en la guerra civil.

Precisamente en estas últimas obras aludidas apreciamos como aquel gusto por el natural, por la precisión, por el virtuosismo –insistimos– tanto en los aspectos fisionómicos como psicológicos, constatan el gusto del autor por la realidad circundante, por testimoniar su historia, sus días y su gente mediante un arte veraz, claro y directo. Dicha capacidad no hizo sino acentuarse a partir de los años de formación y primera madurez que aquí estudiamos.

A este periodo corresponde *Nobleza castellana*, que antes relacionábamos con el hipotético poso estético de su lugar de nacimiento y mocedad. La rotundidad de este rostro, su ejecución, tan sentida como precisa, su lograda técnica, así como el mismo protagonista, según se argumentaba, se vincula a diferentes poéticas que a principios del siglo XX hallaron en los sectores populares y en la clase trabajadora, interpretada al margen de cualquier efectismo o teatralidad, una vía de renovación no sólo estética, sino también ética y política. En efecto, aquí apreciamos ya en Molina un compromiso social que eclosionaría en sus dibujos de la guerra.

No podemos cerrar el capítulo dedicado a la asignatura del *Dibujo del natural*, sin reparar en la trascendencia que el aprendizaje de este procedimiento, de esta concepción artística y de sus correspondientes consecuencias iconográficas, tendrían en múltiples pinturas y dibujos de su postrera evolución, especialmente en sus años romanos.

3.1.1 Molina y su formación autodidacta: la copia de los grandes maestros

Ahora bien, al margen de la docencia reglada, no debemos olvidar el afán autodidacta de Molina, completando así lo aprendido en las aulas y talleres de la Escuela de San Fernando. En efecto, hemos comprobado hasta qué punto la temprana atracción del biografiado por el dibujo del natural movió y promovió su ulterior dedicación pictórica, descubriendo en el austero verismo del Siglo de Oro la máxima expresión de tales inquietudes.

Como otrora hicieron los pintores del Renacimiento o del Barroco, Molina halló en la copia de los grandes maestros el método idóneo para desentrañar sus técnicas y procesos, su capacidad para la observación y la composición. Por ello, desde muy pronto, el Museo del Prado se convertiría en una auténtica escuela. Allí nunca dejaría de aprender y admirar los cuadros de los más geniales artistas, tan bien representados en dicha pinacoteca. No en vano, nuestro autor prolongó su actividad copista en el Prado hasta casi el final de sus días.

A partir de las copias que nos han llegado de Molina, amén de otros trabajos perdidos pero registrados en los cuadernos de copistas custodiados en la biblioteca del Museo del Prado, inferimos que su inquietud por el natural no era incompatible con dicha praxis, antes al contrario. De hecho, los precitados testimonios, con alguna excepción, evidencian el gusto del biografiado por los pintores españoles del Barroco, así como por Goya, todos los cuales destacan en su prosapia naturalista, en su concepción de la veracidad sin aditamentos, orillando lo anecdótico en pro de lo esencial.

La pintura de Molina durante el periodo que estudiamos, también sus óleos de los cuarenta, son deudores de aquel realismo consustancial a la escuela española. La severidad certera y elegante de sus figuras, la psicología profunda, las miradas penetrantes y los gestos tan parcos como elocuentes de su retratística, dan buena cuenta de lo descubierto en Velázquez, Zurbarán o Ribera.

No debemos olvidar, asimismo, la importancia de dicha experiencia en la gestación de sus dibujos de la guerra civil, presentados en el Pabellón de la República Española en la Exposición Internacional de París de 1937. Como tantas veces se ha señalado, en ellos la huella del último Goya y de sus *Desastres de la guerra*, es más que evidente.

Abundando en lo argüido, los cuadros solicitados por Molina en el Museo del Prado para su copia durante la década de los veinte –según recogen los preceptivos registros–, es decir, en paralelo a su formación

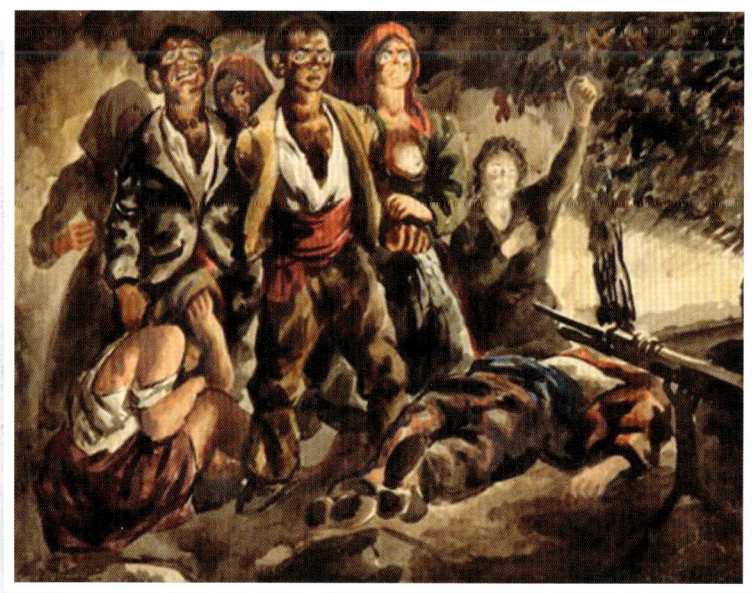

Mueren por una idea. 1937. Acuarela sobre papel.
49,8 x 65 cm. Museo Nacional Centro de Arte Reina Sofía.

en la Escuela Especial de Pintura, Escultura y Grabado de Madrid, arrojan una información clara: su interés por el análisis pictórico del mundo circundante desde unos presupuestos esenciales y austeros, procurando adquirir técnicas precisas al respecto. Tal gusto lo apreciamos en el primer cuadro que reprodujo en 1920: El *Niño de Vallecas*, de Velázquez[29], lienzo singular por la capacidad que el genial sevillano demuestra para el retrato psicológico, aspecto éste tan representativo en los personajes que protagonizan la obra de nuestro autor.

Poco después, en 1921, Molina haría lo propio con otra obra de Velázquez: *Los borrachos*[30]. Los personajes populares y vulgares de la parte derecha de este óleo encajaban con el notable gusto del biografiado por las clases populares, por aquellas figuras que abordaba mediante una original interpretación de esa naturalidad descarnada y descriptiva. Así lo contemplamos en los retratos que nuestro autor dibujó por ahora, especialmente en los masculinos.

Esta fascinación por el austero realismo del Siglo de Oro es, insisto, rastreable en los citados registros del Museo del Prado, donde hallamos sus solicitudes en 1922 para copiar los cuadros de otros maestros de

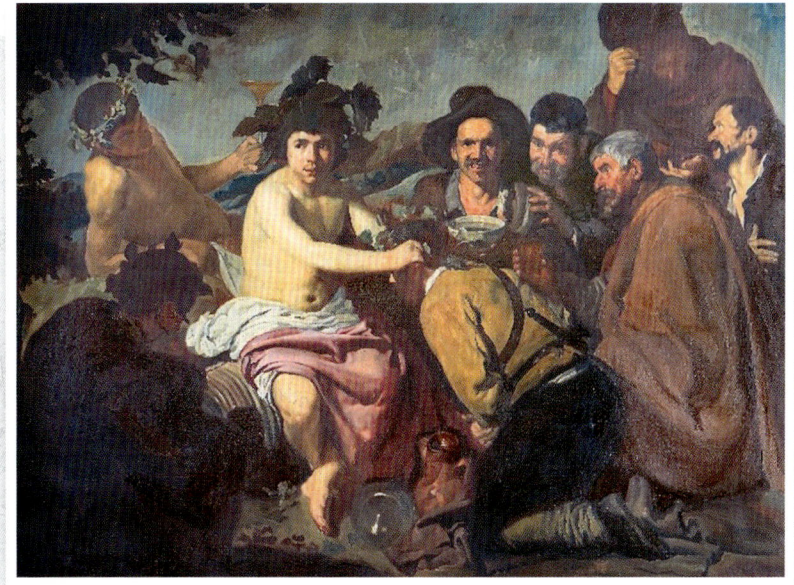

Copia de Los borrachos, de Velázquez. Óleo sobre lienzo. 162 x 222 cm.
Colección particular. Ciudad Real.

ese periodo, como Ribera, Murillo –Inmaculada (no se especifica cuál), San Juanito– y, por supuesto, de Velázquez, recreando su Menipo[31]. Más tarde, en 1928, trabajó el retrato ecuestre del Príncipe Baltasar Carlos, del precitado autor sevillano[32].

Al interés iconográfico de Molina por la realidad, se añade su afán técnico. Para ello, como otrora Velázquez y Rubens, el manchego necesitaba estudiar a Tiziano, trabajando en la reproducción de su Dánae durante julio de 1921. Los recursos y la pericia del gran maestro veneciano le apasionan, copiando insistentemente otros de sus grandes cuadros: El entierro de Cristo –1924– y Salomé –1926–. Incluso, más allá del periodo que aquí analizamos, pero por lo significativo que resulta al respecto, en 1954 copiaría la Dolorosa que del genial veneciano también custodia nuestra principal pinacoteca[33].

La influencia que en estos años de formación y primera madurez tuvieron aquellos retratos, santos y anacoretas del Barroco español, se prolongaría a lo largo de su dilatada carrera. No olvidemos, por otra parte, la influencia del Siglo de Oro en tantos pintores relacionados con la Generación del 98 a la hora de rescatar un realismo frugal, ajeno al artificio romántico en pro de un supuesto arte netamente hispano: recio, místico, folclórico y espiritual a la vez. Véanse ejemplos tan representativos como los de Zuloaga, los Zubiaurre, Romero de Torres, etc. Según afirmábamos al principio de este capítulo, nuestro biografiado no fue ajeno a esos paradigmas. Mucho de los retratos al óleo o dibujados por entonces, a los que ya hemos aludido, significan bien tales aspectos.

Ahora bien, la configuración sobria y austera de la realidad asumida por Molina desde sus primeras copias en el Prado, no se limitará a su primera etapa, sino que se consolidaría cual eje vertebrador de sus postreros periodos.

Así, en los años cuarenta, *Orando, Místico orando, Mendigo fumando* o *El nieto de D. Quijote*, podrían compararse con cualquier anacoreta de Ribera o con uno de los filósofos de Velázquez. En efecto, los personajes de Molina denotan la misma conjunción entre rusticidad y sabiduría, entre esa trascendencia prosaica que hallamos igualmente en los maestros barrocos aludidos.

Abordar la actividad copista de Molina en el Prado, implica necesariamente mencionar su trabajo en torno a Goya, cuya influencia y magisterio eclosionó, como se ha dicho, en los dibujos efectuados a partir de sus dramáticas vivencias durante la contienda civil. Su atracción por el genial aragonés comenzó en 1922, cuando registra en el Prado una solicitud para estudiar al genial pintor. Curiosamente, el cuadro elegido, nada tendría que ver con la tragedia o el drama. Se trata de *La Vendimia*. Poco después, en 1926, copiaría *Muchacho cogiendo frutas*[34].

En resumen, respecto a la importancia que el estudio y la copia de los grandes maestros tenía para nuestro protagonista, resultan muy significativas estas palabras recogidas por su buen amigo Tierno Galván:

Recuerdo que en aquella ocasión Molina me dijo: "Para saber si alguien tiene oficio no hay más que ponerlo a copiar al Greco. Si entiende lo que copia y lo copia bien tiene oficio y sensibilidad". Me preocupó la expresión sensibilidad asociada al verbo entender y así se lo dije, con mucha paciencia me explicó lo que quería decir; a su juicio teniendo oficio se podía imitar bien pero no copiar. La imitación era una copia en la que no

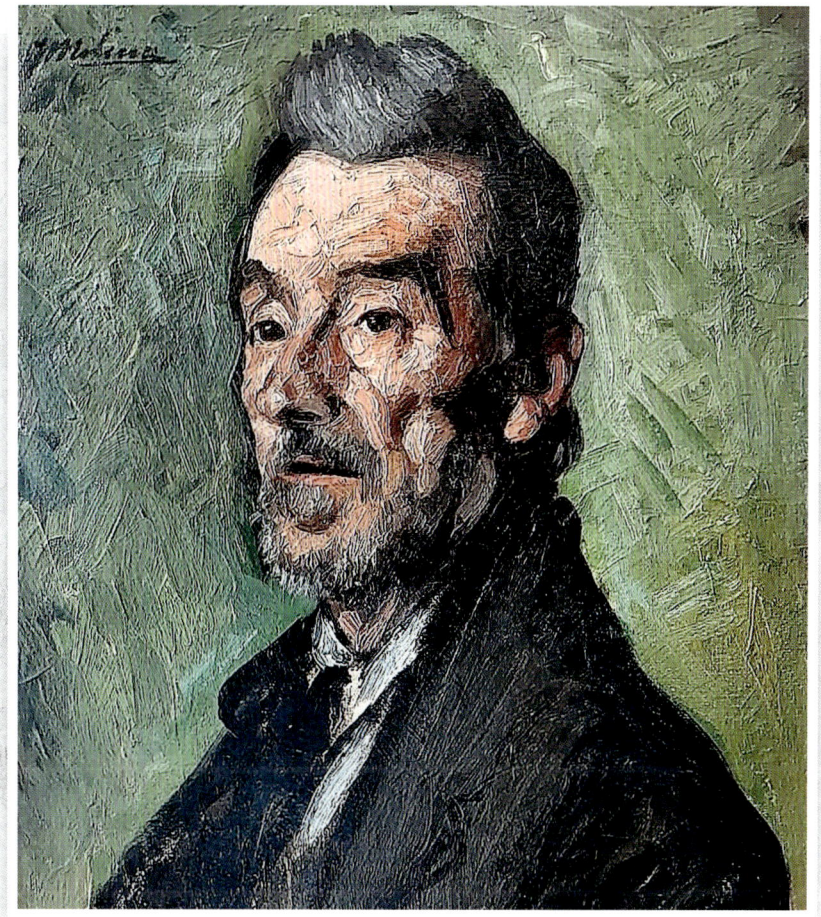

Nieto de D. Quijote. 1956. Óleo sobre tablex. 57 x 47 cm.
Ayuntamiento de Linares.

intervenía la sensibilidad. La verdadera copia resultaba de la asociación de oficio y sensibilidad.

3.1.2 Jesús Molina y el arte del dibujo

En las páginas precedentes se ha hablado de la relevancia que el dibujo tuvo en el arte de Jesús Molina, incluso desde los precoces retratos previos a sus estudios reglados. Tal trascendencia se evidencia en múltiples ejemplos, donde dicha disciplina se empleaba para concebir una obra definitiva, así como cuando ésta era utilizada como un medio a la hora de trabajar sus óleos.

143

Por ello no podemos cerrar el presente capítulo sin compartir algunas reflexiones en torno a la evolución de la dibujística en nuestro autor durante la etapa que nos concierne. Precisamente, el virtuosismo del biografiado para la línea, unido a la notoriedad adquirida por esta técnica en el periodo de entreguerras, hace doblemente atractivo tal análisis circunscrito a sus aportaciones exclusivamente gráficas.

Hemos de iniciar este recorrido retrotrayéndonos a las referidas efigies familiares efectuadas en Ciudad Real, antes de comenzar sus estudios, donde se descubre su natural virtuosismo. Su dominio del silueteado, pero también de los juegos volumétricos —luces y sombras—, lo pondría al servicio de una estética realista plenamente inserta respecto a las disímiles tendencias que en la España de principios del siglo pasado vislumbraron en esa naturalidad directa y descarnada cauces para la anhelada renovación ética y estética, bien fuera desde el regeneracionismo noventayochista, bien desde discursos sociales más comprometidos, según aconteció en ciertos pintores del modernismo o en el aludido Realismo castellano, dentro del campo escultórico.

Los dibujos realizados por Molina en el primer lustro de los veinte, especialmente los consagrados al retrato, aúnan sendas influencias. Pues participan, en cierto modo, de los postulados del 98, sobre todo al dejarse influir, como aquellos, por la tradición española del siglo de Oro. Por otra parte, los personajes elegidos y la dureza de sus expresiones, anuncian el carácter reivindicativo y político del joven estudiante en pro de las clases más desfavorecidas, lucha que Molina emprendió a través de su arte; de lo cual dio fiel testimonio su conocida serie de la guerra civil.

El carácter trágico y directo de dicho conjunto, concebido como si de un reportaje se tratara, se plasma mediante una linealidad expresionista y goyesca distinta a la del periodo que aquí compendiamos. Sin embargo, no debemos obviar que fue el propio sentido del dibujo y sus posibilidades didácticas y emotivas aprendidas en San Fernando, lo que coadyuvó a idear aquellos pasajes tan elocuentes y cercanos para cualquier público, al margen de un tiempo concreto o de un lugar determinado. No en vano, el destino de esos auténticos iconos —dado su valor atemporal y simbólico a partir de un hecho concreto– fue su exhibición en el Pabellón de la República Española en la Exposición Internacional de París de 1937.

Páginas atrás, establecíamos determinadas comparaciones entre nuestro autor y otro compañero de promoción en la Escuela Especial de Pintura, Escultura y Grabado: Joaquín Valverde. Precisamente, el sevillano también se dio con fruición al dibujo durante aquella dramática época. Si Molina recreó con sus lapiceros el día a día del bando Republicano, Valverde hizo lo propio respecto al enemigo. Así, sus ilustraciones para la *Historia de la Cruzada Nacional*[35], plasman una serie de episodios que, al margen de su iconografía, nos descubren unas claras concomitancias técnicas, es decir, un sentido de la línea pareja entre quienes bebieron, no sólo de la misma formación en San Fernando, sino de quienes completaron asimismo aquellos estudios en la Academia de España en Roma en el periodo de entreguerras.

Volviendo a los paradigmas dibujísticos iniciales –e innatos– de Molina, éstos pervivieron durante sus años en San Fernando, consolidándose gracias a las frecuentes visitas al Museo de Reproducciones. En efecto, la copia de estatua no haría sino alimentar un silueteado fluido y preciso, sensual y descriptivo, pero también clásico y moderno.

Ese estilo, por otra parte, enlazaba con el llamado *neoingrismo*, estética dibujística inaugurada por el Picasso neoclásico, etapa del malagueño coincidente con el tantas veces mencionado retorno al orden. Tal tendencia gráfica, que basaba su propuesta renovadora en la herencia clásica, enraizó con fuerza en los autores más destacados de la modernidad madrileña por entonces: Benjamín Palencia, Gregorio Prieto, viviéndose una auténtica edad de oro del dibujo y la ilustración. Así lo advierten las abundantes reproducciones artísticas insertas en las páginas de notables revistas de vanguardia, como *Alfar*, *Verso y Prosa*, *La Gaceta literaria*, *Litoral*, etc.

El *neoingrismo* triunfaba igualmente en la vanguardia europea de los treinta, aquella que conoció nuestro autor durante su estancia en Roma. Por ello no es extraño que lo enunciado con anterioridad, es decir, su

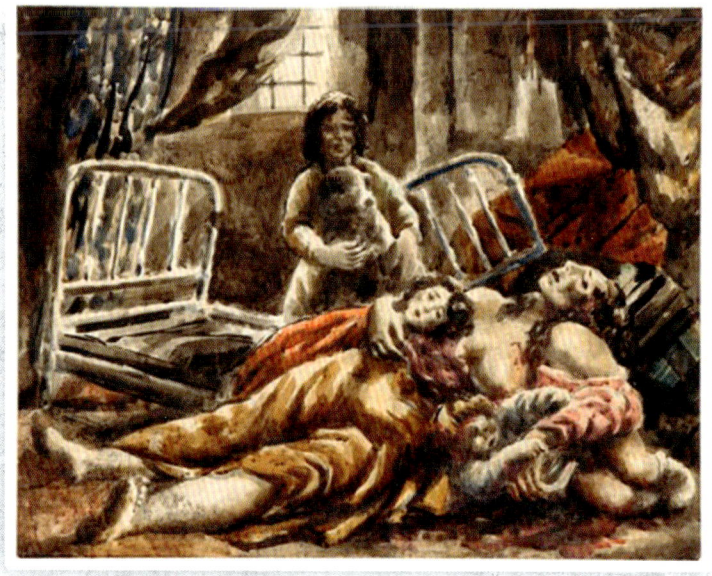

Madrid, Tetuán de las victorias. 1937. Acuarela sobre papel.
50 x 65 cm. Museo Nacional Centro de Arte Reina Sofía. Madrid.

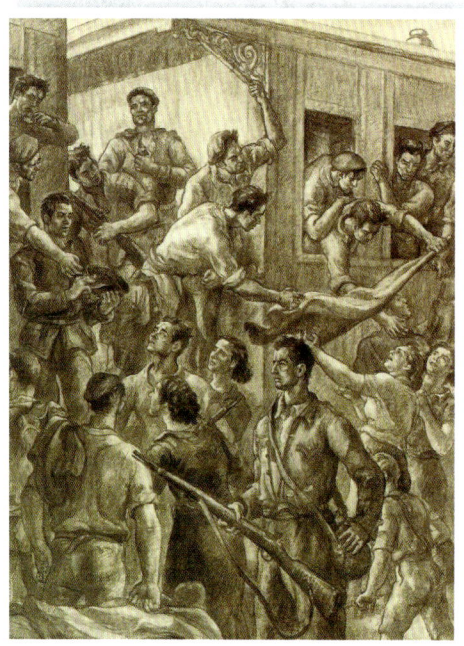

Ilustración para la Historia de la
Cruzada Nacional de Joaquín Valverde.

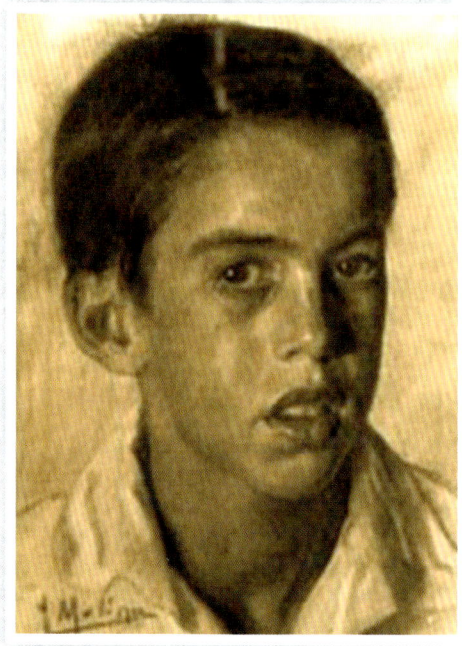

Ramón adolescente. 1920-1921.
Siena sobre papel. 30 x 23 cm.
Colección particular.

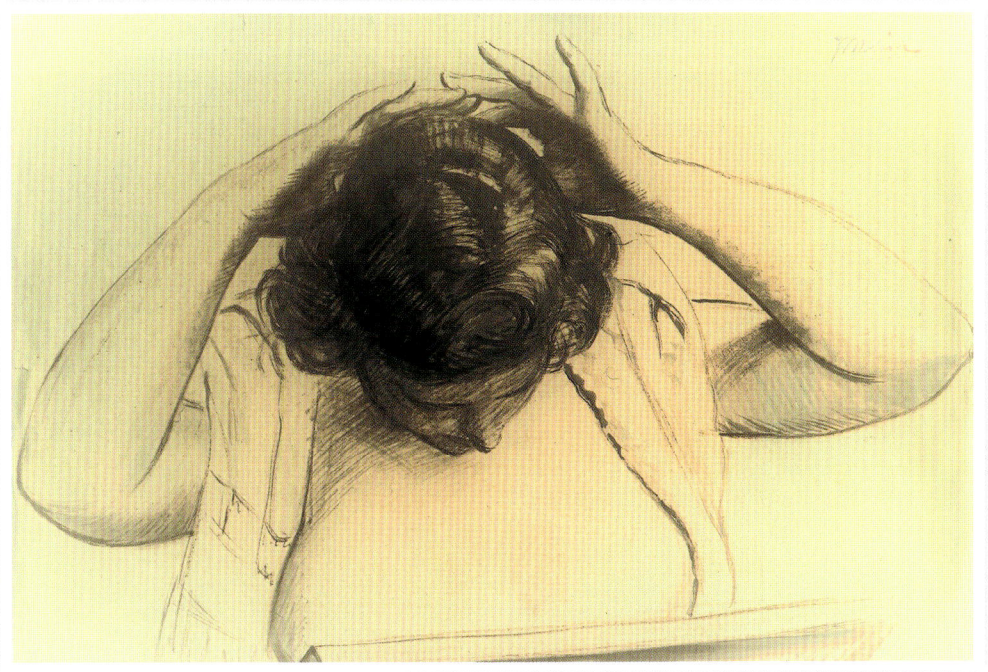

Sujetándose el pelo. 1940-1945. Tinta sobre papel. 50 x 69,5 cm. Colección particular.

personal concepción dibujística y su correspondiente técnica, se vieran reforzadas. Todo lo cual se proyectaría tanto en los óleos de sus años romanos, pero también en los efectuados durante la posguerra española. Obviamente, esa linealidad es mucho más efusiva en los dibujos de por entonces. Véanse creaciones tan representativas como *Sujetándose el pelo o Ensoñación*.

Ahora bien, lo hasta aquí argüido no fue óbice para que, durante sus años de formación y primera madurez, Molina experimentara con el dibujo desde otras concepciones a estéticas. Como tantos otros jóvenes de su generación, Molina no escapó a los retos neocubistas descubiertos gracias a la mítica exposición que Vázquez Díaz realizó en el Palacio de Bibliotecas y Museos de Madrid en 1921. A este propósito, escribió Rafael Alberti:

...en el ambiente pictórico aburrido y academizante del Madrid de aquellos años, la aparición de Vázquez Díaz sirvió de revulsivo, de agitado despertador para los jóvenes. Y, aunque no fuera un revolucionario de

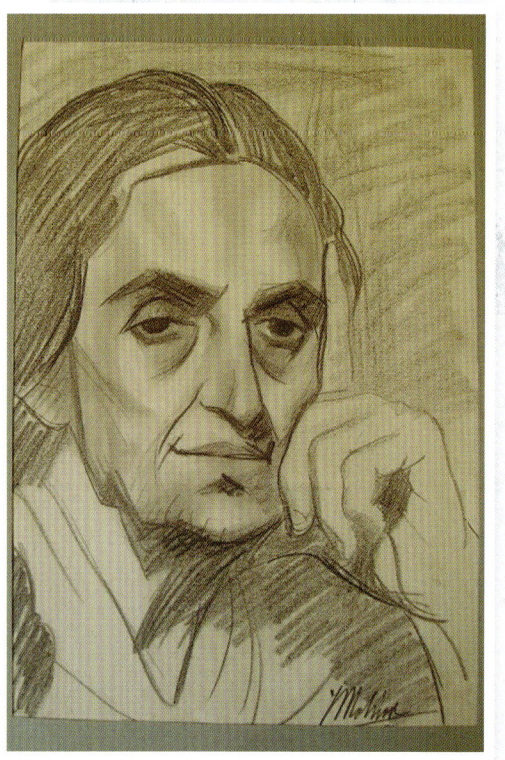

Pilar García, su madre.
Lápiz sobre papel. 34,5 x 24 cm.
Colección particular.

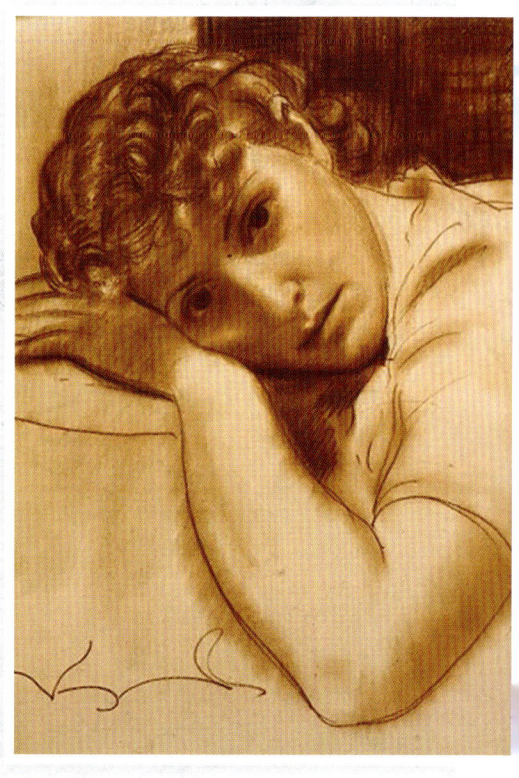

Ensoñación. 1940.
Sepia sobre papel. 50 x 37,5 cm.
Colección particular.

primera avanzada, sus dibujados retratos, simples de líneas y sugeridos planos su pintura, de procedencia cezanniana en la técnica, pero de un fuerte espíritu español, fueron como una brecha abierta al aire, liberadora entrada para nuevos experimentos[36].

El retrato dibujado que por ahora realizara Molina de su madre, no hace sino constatar las palabras del poeta gaditano, pues en él, efectivamente, apreciamos el influjo del neocubismo a través de una construcción plástica articulada mediante grandes planos. De este modo, por tanto, Molina participó de aquella atemperada modernidad de progenie francesa, tan pródiga entre los creadores más rupturistas del Madrid de aquellos años.

Notas

1. Eduardo Aguirre, *Jesús Molina. Vivir una idea.* Caja España, Valladolid, 2006.

2. Gianna Prodan, *Diccionario de Arte del siglo XX en la provincia de Ciudad Real.* Biblioteca de Autores Manchegos. Diputación de Ciudad Real, 1997.

3. Vicente Palomares Garcia, *Miguel Pérez Molina y la Academia General de Enseñanza de Ciudad Real (1868-1939).* Biblioteca de Autores Manchegos. Diputación de Ciudad Real, 2018. p.30.

4. Ibidem, p.31.

5. E. Navas Escuriet, desarrolló su labor docente en dicho centro entre 1913 y 1920. Cfr.: PEÑA CERVERA, MARC: *Enrique Navas Escuriet (1875-1952). Vida i obra d´un pintor valenciá.* Universitat de Valencia, Universitat Jaume I, 2021, pp. 75-76.

6. Ibidem, pp. 60 y ss.

7. Archivo de la Facultad de Bellas Artes de la Universidad Complutense de Madrid (en adelante AFBAUCM), C. 191.

8. Ibidem.

9. Ibidem.

10. Ibidem.

11. Álbum de dedicatorias a Florentina Rodríguez de Rivas por Azorín, Dolores Catarineu, Manuel Machado y Jesús Molina, 1944. http://www.libreriagarciaprieto.com/detalleproducto.php?id=22606&ret=catalogo&retparams=tipo_busqueda%3Dcatalogo%26id_catalogo%3D144 [consultado el 31/05/2023]

12. José Garnelo y Alda, *El dibujo de memoria. Discurso leído en el acto de su recepción por el Ilmo. Señor D. José Garnelo y Alda, y contestación del Excmo. Señor don Amós Salvador y Rodrigáñez,* Real Academia de Bellas Artes de San Fernando, Madrid, 1912, pp. 22 y ss.

13. Carlos Reyero, *Memoria, intertextualidad y una escalera hacia el vacío.* La pintura nueva en la Academia y los años veinte en Italia, en Roma y la tradición de lo nuevo: diez artistas en el Gianicolo (1923-1927). Roma, 2003, pp. 36-54.

14. Javier García-Luengo, *El pintor sevillano Joaquín Valverde Lasarte (1896-1980) Una aproximación a su vida y a su obra,* Laboratorio de Arte, n.º 28, 2016, pp. 531-532.

15. AFBAUCM), C. 191.

16. Ibidem.

17. Ibidem.

18. Rolando de Calatrava: *"Jesús Molina",* Vida Manchega, 10/09/1923.

19. Francisco Pompey, op. cit, 1955, p. 26.

20. Javier García-Luengo, *La primera promoción de la Escuela de Paisajistas de El Paular,* Boletín de la Real Academia de la Purisima Concepción de Valladolid, n.º 47, 2012, pp. 115-124.

21. Armando Pilato Iranzo, *"El pintor Enrique Igual Ruiz",* Cuadernos de Arte, Departamento de Historia del Arte, Universidad de Valencia, n.º 9-10, 2000, p. 227.

22. Ibídem, p. 219.

23. Lily Litvaky, *El tiempo de los trenes. El paisaje español en el arte la literatura del realismo (1849-1918),* Ediciones del Serbal, Barcelona, 1991, pp. 23 y ss.

24. Entrevista con Mariano Benlliure publicada en *La Crónica,* San Sebastián, 27-II-1918, recogido en QUEVEDO PESSANHA, Carmen, *Vida artística de Mariano Benlliure,* Espasa-Calpe, Madrid, 1947, p. 409.

25. Cita extraída de un informe de Rafael Pellicer, director de la Residencia desde 1932 a 1936, cfr.:ESTEBAN DRAKE, Mesa, op. cit., 1991, p. 70. Aunque muy posterior cronológicamente al periodo que tratamos, estas palabras se hacen perfectamente aplicables a la situación que debieron vivir Gregorio Prieto y sus compañeros, es más, resulta lógico pensar que, si en los años treinta las circunstancias materiales eran nefastas, en sus inicios tuvieron que ser aun peor.

26. *Reglamento de 1921*. Al parecer, éste es el primero que hubo, a pesar de no coincidir con la fecha exacta de 1918, dada su proximidad y según los diversos testimonios de varios pensionados y del propio Gregorio Prieto, este reglamento no debía ser muy distinto a las normas que rigieron la colonia en 1918 y en 1919. Archivo Histórico de la Facultad de Bellas Artes de la U. Complutense, C. 192; y Esteban Drake, M.: Op. cit., 1991, págs. 75 y 76.

27. Rolando de Calatrava: "*Jesús Molina*", Vida Manchega, 10/09/1923.

28. Francisco Pompey, "*Residencia de Paisajistas de El Paular*", Blanco y Negro, Madrid, 1918. Reseña de prensa conservada en el Álbum de prensa 1913-1947. Archivo de la Fundación Gregorio Prieto.

29. Libro de copistas del Museo del Prado, 1920, L7. Jesús Molina aparece registrado con el número 869 para copiar el *Niño de Vallecas*, de Velázquez, durante un mes a partir del 24 de agosto de aquel año.

30. Libro de copistas del Museo del Prado, 1921, L8. Molina aparece registrado con el número 681 para copiar Los borrachos, de Velázquez, durante un mes a partir del 23 de septiembre .

31. Libro de copistas del Museo del Prado, 1922-1923, L9. Molina aparece inscrito para copiar el San Juanito de Murillo a partir del 26 mayo de 1922; en el 7 de julio de ese mismo año pide permiso para recrear la Purísima del mismo autor. El 8 de junio de 1923 inicia la copia de *Menipo* de Velázquez.

32. Libro de copistas del Museo del Prado, 1928. Molina aparece registrado con el número 269 para copiar desde el 13 junio el retrato ecuestre del Príncipe Baltasar Carlos, de Velázquez.

33. Libro de copistas del Museo del Prado, 1921, L8. Molina se registra con el número para copiar Danae ante la lluvia de Tiziano, desde el 8 de julio; Libro copistas del Museo del Prado, 1924-1927, L 38. Molina aparece con el número 432 para copiar la Salomé de Tiziano a partir del 25 de septiembre de 1926; Libro copistas 1924-1927, L 38. Nuestro autor consta con el 461 para copiar el Entierro de Cristo de Tizianoa partir del 17 de septiembre de 1924; Libro de copistas del Museo del Prado, 1951-1952, L20. El biografiado se inscribe con el 78 para copiar la Dolorosa de Tiziano a partir del 30 de enero de 1952.

34. Libro de copistas del Museo del Prado, 1922-1923. Molina se registra con el 388 para trabajar en la Vendimia, de Goya, a partir del 29 de septiembre de 1922; Libro copistas del Museo del Prado, 1924-1927, L 38. Molina copiaría Muchacho cogiendo frutas de Goya, a partir del 10 abril de 1926.

35. Juan Manuel Bonet y Fernando Castillo: *Dos miradas*. Una visión: los dibujos de guerra de Carlos Sáenz de Tejada y Joaquín Valverde. Madrid, 2010.

36. Rafael Alberti, *La arboleda perdida. Memorias*, Seix Barral, Barcelona, 1975, p. 130.

3.2 La etapa final: persistencias y fundamentos de la teoría artística de Jesús Molina

"El arte, que es el penacho de toda civilización, resulta también por algún modo el sismógrafo de la historia.

Si esto es así, tan comprobado ¿No será el Apocalipsis lo que anuncia el arte de estos nuestros gloriosos tiempos?"[1]

En el epígrafe anterior insistíamos, es más, comprobábamos, el peso específico que en Jesús Molina tendrían los años de formación –reglada y autodidacta– en su ulterior trayectoria.

No es por ello extraño que al abordar la que fuera esta última etapa a la luz de sus propias ideas estéticas, nos retrotraigamos, igualmente, al periodo vivido en la Escuela de Bellas Artes de San Fernando. Fue entonces cuando, en relación a la producción pictórica, comenzaron a urdirse unos paradigmas teóricos que no harían sino consolidarse con el paso del tiempo, al amparo de su experiencia, de sus investigaciones y de sus reflexiones en el marco de la vanguardia europea y española, que conoció de primera mano; sin obviar, antes al contrario, sus estudios de historia del arte, literatura o filosofía.

En efecto, hemos de insistir que en la conformación de la personal y combativa ontología plástica de nuestro protagonista fueron esenciales sus múltiples inquietudes, sus disímiles conocimientos y pasión para con la música, la poesía o la historia; todo lo cual, por otra parte, se reflejaría en sus manuscritos, memorias y diarios. Afortunadamente, buena parte de aquellas reflexiones y textos, legados a sus descendientes, han sido puestos generosamente a nuestra disposición para la elaboración del presente capítulo.

Estos manuscritos, de alguna manera, nos permiten dar a conocer por vez primera los sintagmas cardinales del original universo técnico, iconográfico y conceptual de Molina, desgranando con más precisión la construcción teórica de su lenguaje, de su estilo, de la morfología última de sus líneas y trazos, amén de su sintaxis cromática.

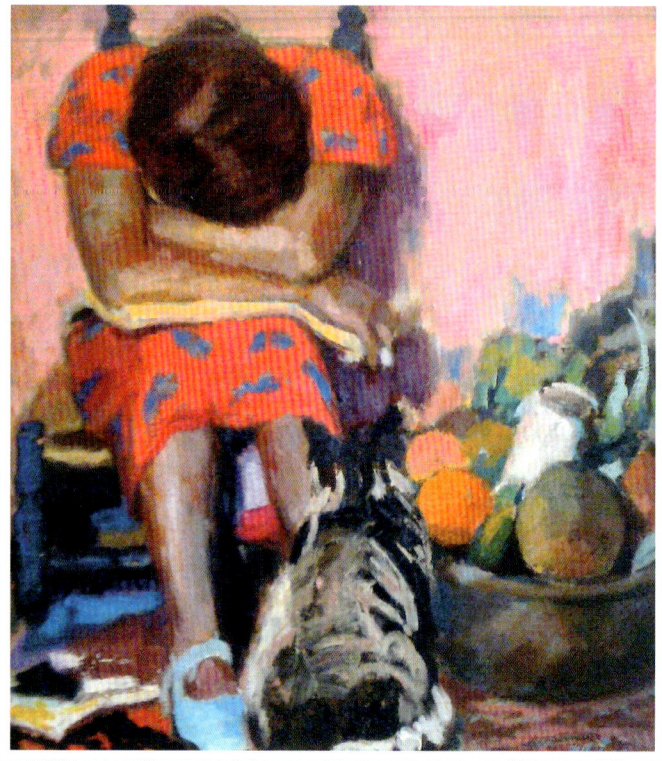

La chica del gato. Óleo sobre lienzo. 83 x 74 cm. Colección particular.

Esta capacidad para la reflexión estética ha sido poco valorada y analizada. Por lo argüido, empero, pretendemos demostrar hasta qué punto tales aspectos fueron notables a lo largo de su carrera. No en vano, podremos constatar cómo su trabajo nunca fue ajeno a unos profundos planteamientos intelectuales, culturales y especulativos.

Estudiar los textos teóricos de Molina permiten una óptima comprensión de su rica y amplia producción, advirtiendo su natural inclinación en pro de la experimentación y de la investigación, fenómeno que, según constata el Prof. Palomares en este libro, determinarían sus diferentes etapas. Dicho pensamiento, al igual que su amplia producción, nunca estuvo al margen de su aquí y de su ahora.

Esta contextualización se antoja más atractiva si tenemos en cuenta que gran parte de su biografía se desarrolló en paralelo al continuo y efervescente debate –o diálogo– entre modernidad y tradición, entre clasicismo y ruptura, entre figuración y abstracción… Cuestiones, todas ellas, cruciales en el devenir artístico de las décadas centrales del siglo XX, momento en el que nuestro autor desarrollaría el grueso de su quehacer.

Confrontar la pintura y los dibujos de Molina con sus escritos, pone de manifiesto su parecer entorno a dichos embistes, que nunca fue tibio o relativo, aun sufriendo por ello los sinsabores de quien navega a contracorriente.

Fiel a sí mismo, sus ideas artísticas estaban por encima de lo que él entendía como una modernidad superficial, incluso frívola. Su convencida apuesta por la renovada figuración, lejos de anquilosarse en un pasado del que, no obstante, aprendió y se complacía, convivió con su presente; llevándole, como a tantos maestros del siglo XX, a revisar la pintura desde unos retos desafiantes, en paralelo a los sintagmas vanguardistas surgidos y proyectados en el tiempo y los lugares en que le tocó vivir.

Como los grandes protagonistas de la Generación del 27, Molina tuvo siempre la capacidad para descubrir la presencia contemporánea destilada a partir de los grandes pintores de la historia. Así lo afirmó en la preceptiva *Memoria* que redactó en 1936, tras su pensionado en la Academia de España en Roma:

> *Pudiera ser que cuando nos acordamos o miramos a la antigüedad nuestro recuerdo sufriera un calambre vertebral y nuestra mirada no viera aquello que "es y "fue" para los antiguos. ¿Por qué no?, cuántas manifestaciones antiguas guardan aun virgen su secreto para nosotros. Pero el hecho de que aún no hayan sido comprendidas o descubiertas no quiere decir que aquello no tenga valor o por lo contrario afirmar que es una maravilla. Esto es muy peligroso para aquellos que se tienen por "talentogénicos", bien se puede hacer el ignorante o el fatuo con botas de montar.*

> *[…] Nosotros europeos occidentales hemos sacrificado a los "antiguos" la pureza e independencia de nuestro arte, no atreviéndonos a crear nada sin antes alzar la vista hacia el augusto modelo". Sin embargo, yo creo que hoy día hay artistas en el mundo europeo que están fuera del*

concepto expuesto. Son pocos, pero a ellos, por su gran espíritu de sacri-
ficio o quizá por un hecho inenarrable, el arte moderno le deberá la má-
gica imagen que un día muy próximo mostrará su "sonrisa" al mundo².

Si bien es verdad que nuestro autor no se vinculó al precitado grupo veintisietista, no menos cierto es que su teoría y praxis fueron parejas a la modernidad que aquellos intelectuales representaban, a quienes, por otro lado, le unían muchas inquietudes ideológicas.

Lo argüido resulta evidente cuando releemos diferentes pasajes de sus diarios. Así, el 19 de diciembre de 1936 escribe: "Yo amo lo popular desde el mirador de la cultura"³. Obviamente, tal sentencia resulta muy próxima a la revisión de la tradición y el *neopopularismo* literario y pic-tórico del 27.

Junto a lo dicho, un simple vistazo a los documentos salidos de su puño y letra, nos descubren a un extraordinario crítico de arte, quien, gracias al conocimiento de tantas disciplinas –música, literatura, his-toria del arte, filosofía y política–, pudo articular un discurso propio, enjuiciando razonadamente el devenir estético de su época; un periodo, insisto, tan convulso como atractivo.

Si en alguna ocasión se ha dicho que Molina censuró el arte más vanguar-dista o abstracto, según veremos, cabría matizar tal aserción, añadiendo que esas consideraciones no responden tanto al hecho de la modernidad de la que sería defensor, como a la sinceridad, o no, del creador.

Prueba de ello es que jamás le faltaron palabras laudatorias para la que fuera capital de la renovación artística, referente para la bohemia, Meca para las poéticas contemporáneas: París. Siempre exaltó su arrobado vanguardismo, hasta el punto de advertir la necesaria personalidad que había de tener cualquier artista que hasta allí arribase para no ser avasa-llado por la potente intelectualidad de la ciudad del Sena:

La vida cultural y artística de París es cosa única, es un tobogán impul-
sado por una fuerza casi supersónica para lo que hace falta, una enorme
fuerza física y una reciedumbre espiritual muy saludable, es una batalla
terrible y constante de estímulos y exterminio, en la que sucumben hasta

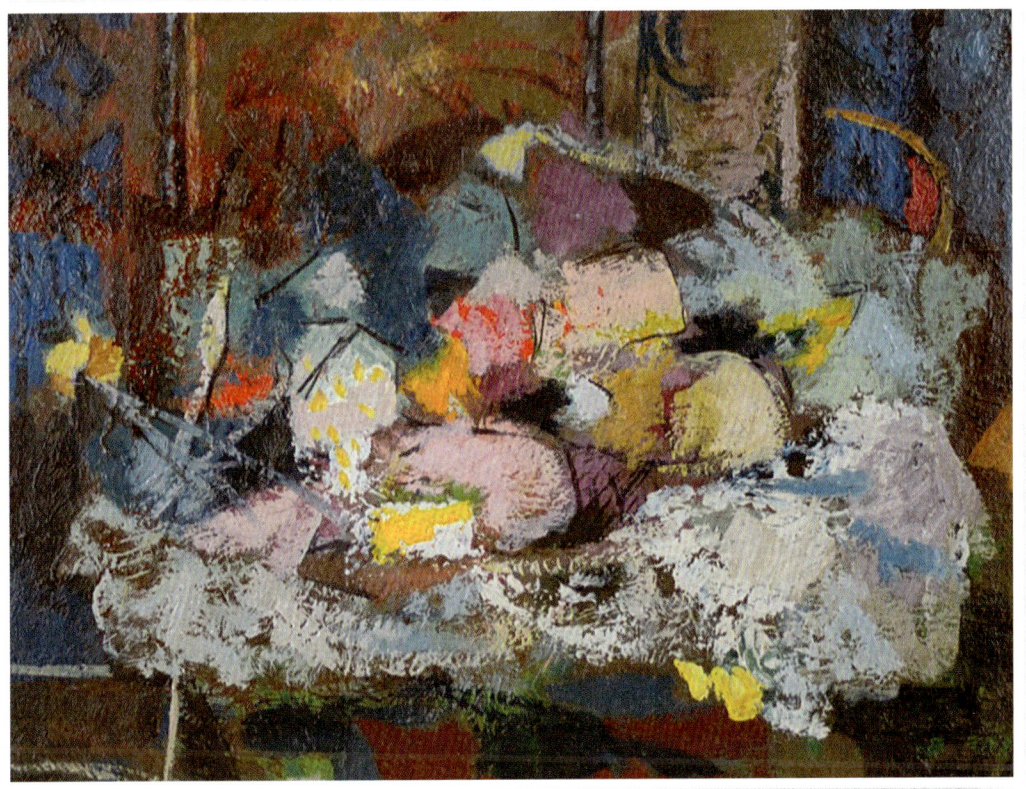

Cesto con dulces. 1963-1967. Óleo sobre tablex. 45 x 56 cm. Colección particular.

hombres con verdadera naturaleza y talento; es un colosal vórtice para el
que hay que tener muy bien organizada la cabeza y unas piernas de titán
para no ser arrollado y tragado por esa tremenda y constante fuerza[4].

A tenor de los escritos de Molina (públicos o privados) y de su trayectoria en general, su teoría artística y estética puede compendiarse en cinco
principios refrendados desde sus inicios hasta el precoz crepúsculo de
su producción: sinceridad, estudio de los clásicos, continuo aprendizaje
técnico, vocación figurativa y el dibujo como fundamento esencial de
las artes.

Por ello, según afirmábamos al principio del capítulo, para entender
estos conceptos, hemos de ir a sus años de formación, incluso a lo que
pudo suponer el temprano virtuosismo de sus obras previas a San Fernando, cuando ya despuntaba su pericia a la hora de captar lo inmediato.

155

Si, como hemos visto, importantes fueron los maestros y las asignaturas prácticas cursadas en la Escuela Especial de Pintura, Escultura y Grabado de Madrid, no menos lo serían las materias teóricas.

Molina estudió *Historia de las Bellas Artes* de la mano de Leopoldo Soler y Pérez; mientras que *Teoría de las Bellas Artes* era impartida por Rafael Doménech[5]. Los escritos de este último denotan una serie de cuestiones rastreables en la pintura de nuestro autor, pero también en su ideario. En efecto, Doménech defendió el proceso artístico no como una simple mímesis de la naturaleza, sino como una inspiración fundamentada en aquélla.

El mundo del arte –afirmaría Doménech– no es el mundo de la realidad, es otro creado por el artista, aunque emplee componentes que toma de la realidad. Su método didáctico se apoyaba en la explicación de los creadores más eminentes de la historia junto con el análisis de sus obras más destacadas, analizando en ellas sus contenidos, para ver su naturaleza y sus conexiones de formación[6].

Todo ello encuentra respuesta en las siguientes palabras recogidas en los diarios de Molina. Con fecha de 18 abril de 1936, escribió…

> *Soy un enamorado en grado sumo de la naturaleza, pero esto no quiere decir que no crea yo que hay que traer nuevas creaciones estéticas y si es posible terminar con las habidas. Estoy seguro de una fuerte renovación en el "gran arte"[7].*

Así comenzaría el estudio y admiración de nuestro autor por los grandes pintores del barroco o el romanticismo, fascinación acrecentada por su ya analizada labor de copista en el Museo del Prado y en el de Reproducciones. Desde entonces, su afán perfeccionista le llevaría al estudio de Velázquez, Goya, Ribera, Murillo, etc., en quienes descubriría ciertos componentes antropológicos:

Souto [quien fuera su compañero en la Academia de España] y yo hemos ido a ver el Moisés de M. Ángel, después el Papa Doria que pintó Velázquez. A mí, estas poderosas obras, me dan grandes ánimos de trabajo. Difícil es conseguir metas así, pero no imposible y la prueba está a la vista. Este retrato que pintó Velázquez tiene la profunda huella de toda una raza, pude incluso definir un pueblo[8].

Dichas metas no estarían exentas de dificultades, como él mismo reconoció un día mientras trabajaba en el boceto de un desnudo: "La pintura cada día se hace más difícil por lo que hay que superar o por alcanzar en altura a toda la pintura pasada"[9].

¿Dónde encontró el reto para abordar tal complejidad, la dificultad técnica de la superación? Pues, de nuevo, hemos de hablar de los clásicos…

Observo en estos jóvenes compañeros que puede ser que tengan intención en superarse, pero ignoran muchos defectos que tienen en extremo agudizados. No saben lo que es la buena disciplina, desconocen el orden en las cosas y sobre todo desconocen la sabiduría y el noble porte estético de cualquiera de aquellos hombres del Renacimiento en los diversos países de Europa. Están sentenciados a la mediocridad y al fracaso[10].

Este fragmento resulta harto interesante. En primer lugar, cuando Molina habla de "Renacimiento" como sinónimo de "Clásico", no sólo lo hace como modelo de la figuración, no; quizá ni tan siquiera de una poética determinada, sino como ejemplo de trabajo, técnica, esfuerzo, análisis… Conocimiento del pasado, incluso para negarlo o para abordar el reto de la superación.

Junto a ello, ya encontramos perfectamente madurada una personalidad capaz de enfrentarse a lo que hoy llamaríamos *políticamente correcto* o a aquello que no entiende como sincero, lo verdaderamente pergeñado por su propio sentido del arte… A pesar de que su parecer le llevara al ninguneo o la marginalidad, quizá sin saber que esa férrea originalidad, su sentido de libertad, de ética artística, constituyese uno de los postulados básicos de las vanguardias del siglo XX.

Lo referido, ya fue señalado por Enrique Tierno Galván, a propósito de las pinturas de la última etapa de nuestro biografiado. Bajo el significativo título de la *Lucha solitaria*, el célebre alcalde de Madrid dijo, a tenor de los bodegones realizados en la década de los sesenta por su buen amigo Jesús Molina, lo siguiente:

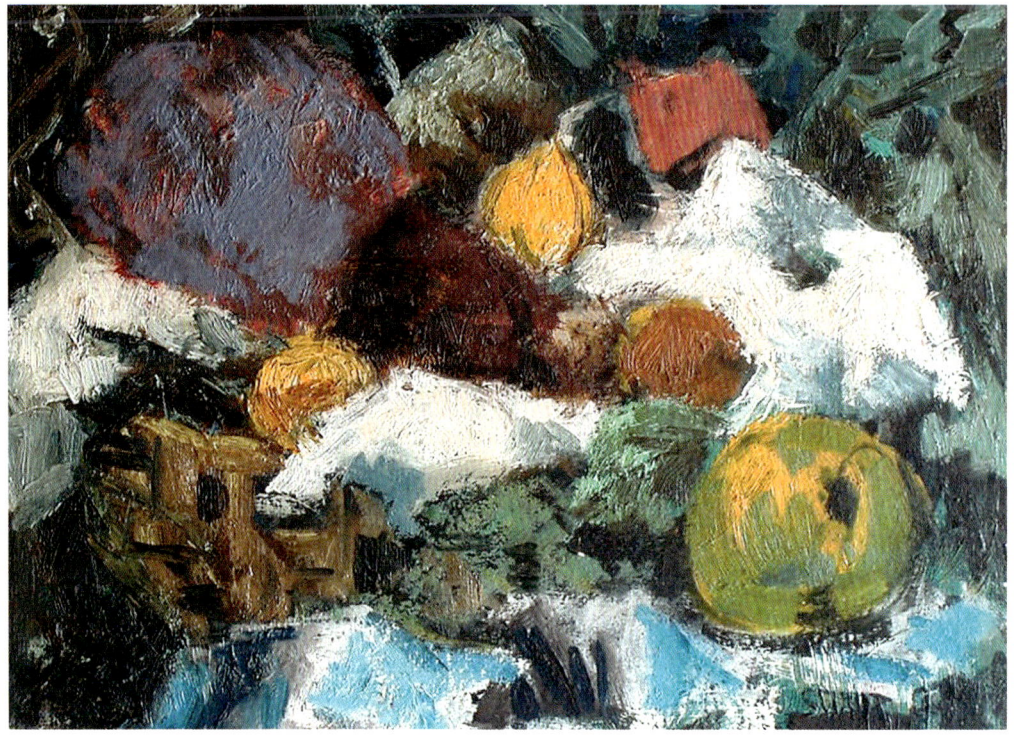

Naturaleza muerta con manzana. 1963-1967. Óleo sobre tablex. 33 x 41 cm. Colección particular.

Quienes hemos asistido desde hace años a la gigantesca lucha solitaria de Jesús Molina con la materia y el color, le hemos visto avanzar hasta la madurez pasmosa de este momento de síntesis. No hay nada, absolutamente nada del saber de un gran pintor desde el Renacimiento hasta ahora que no se descubra en cualquiera de sus cuadros[11].

Sin duda, la amistad, el cariño y sensibilidad de Tierno Galván, le permitieron unir en un mismo texto términos como síntesis, Renacimiento o soledad. En efecto, los últimos cuadros de Molina, en especial sus naturalezas muertas, destilan ese cromatismo capaz de asumir la figuración desde una abstracción lírica no lejana al informalismo acuñado por *El Paso* o *Dau al set*; poéticas de dispares principios estéticos que triunfaron a nivel internacional a partir de su presentación en la Bienal de Venecia de 1958, promociones y apoyos estos a los que Molina, dada su personalidad, renunció.

La cercanía de las pinturas de este periodo del biografiado a la abstracción a partir de su fiel sentido de la figuración, no es ajena a su persistente idea de modernidad con la que concebía el arte clásico. Su teoría artística, desde muy temprano, incidía en lo argüido:

> Cada día que trabajo percibo más el hálito de que uno debe y tiene que responder por lo menos a la época en que vive y me parece que se piensa demasiado en el pretérito remoto, olvidando el presente. Creo que a la plástica le ha llegado una nueva Era expresiva, aunque el mundo en general no está preparado para saborear aquella. No sé si lo estuvo en algún tiempo.

> Roma es una ciudad bella y con aspectos colorales, pero en esta ciudad contemplándola y teniéndola presente en el pensamiento es casi imposible sustraerse a aquella fuerza; de aquí que resulta no poder hacer un nuevo arte como el pasado, pero de estampa actual[12].

Hace un momento citábamos a Tierno Galván, con quien tan buena relación trabó nuestro protagonista durante la Guerra Civil, cuando ambos trabajaban en el servicio de archivos, mostrando así su compromiso social con la República.

Precisamente, tal reivindicación fue el eje vertebrador de la trayectoria pictórica de Molina, a lo que no renunciaría tampoco en su etapa final, antes al contrario. Como otrora había hecho durante la Guerra Civil, nuestro autor mantendría su fijación por los más débiles, por los obreros, campesinos, mujeres y niños. Su cercanía, ternura y la denuncia de sus condiciones de vida, seguían haciendo de Molina todo un abanderado de la modernidad, asumiendo con su iconografía el señalamiento respecto a una renovación definida por unos patrones muy distantes a la complacencia adocenada o pintoresca.

Las acuarelas y dibujos que Molina consagró durante los años cincuenta y sesenta a los desheredados, se daban la mano con sus obras iniciales, aquellas inspiradas en el verismo directo y descarnado del Siglo de Oro o del Goya más atroz.

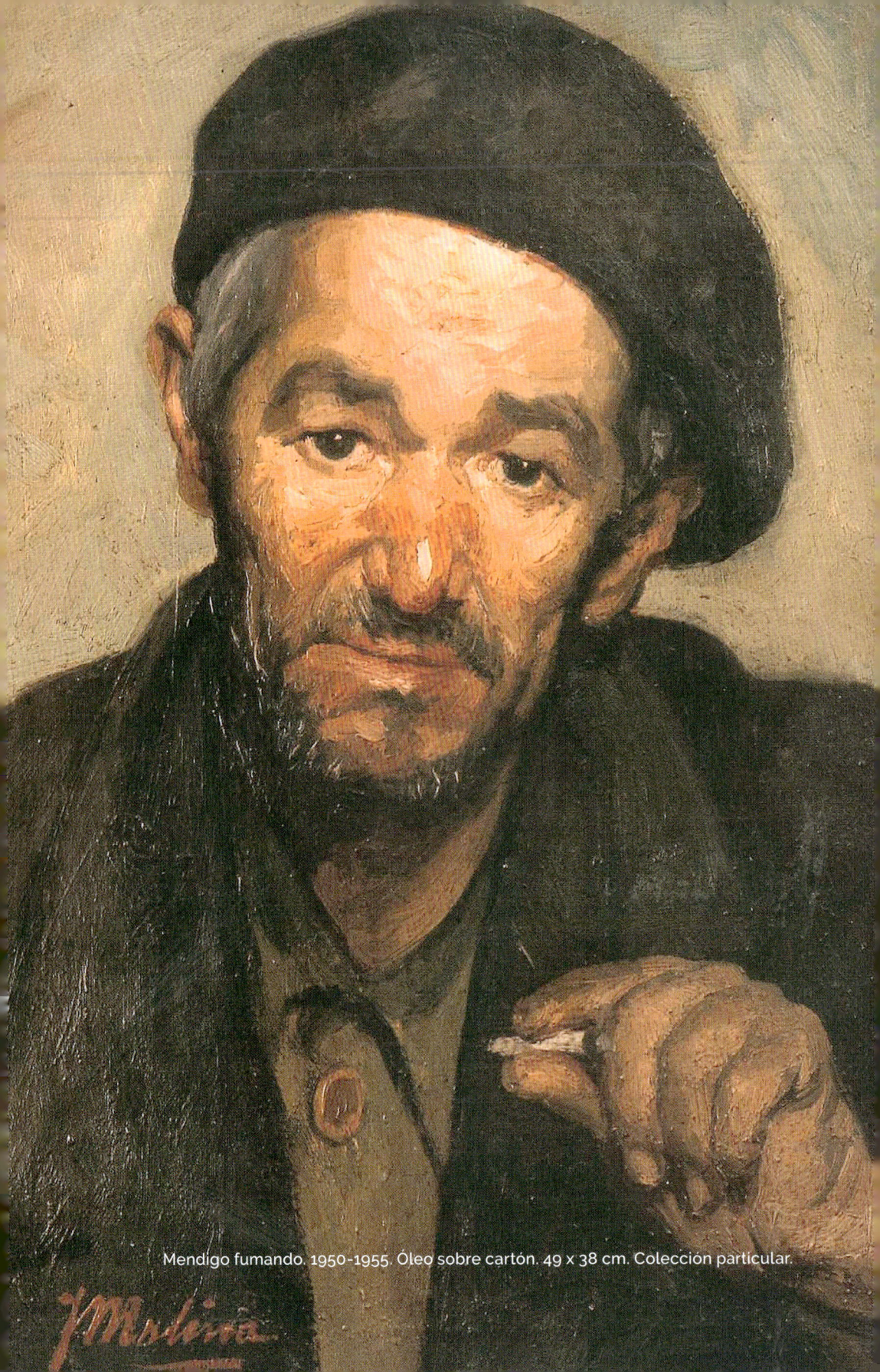

Mendigo fumando. 1950-1955. Óleo sobre cartón. 49 x 38 cm. Colección particular.

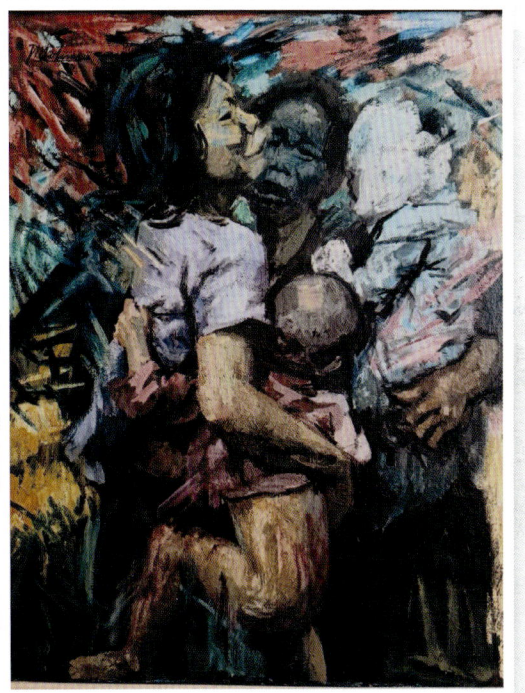

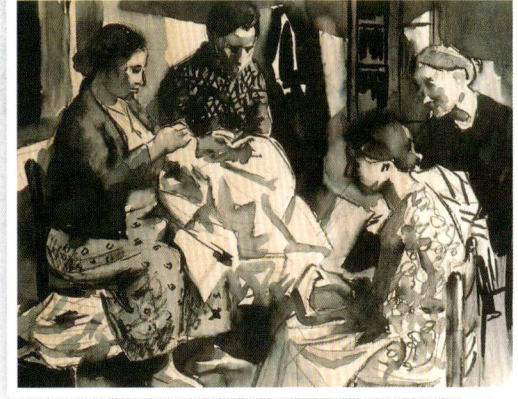

Vietnam. 1965-1968.
Óleo sobre lienzo. 110 x 90 cm.
Colección particular.

Costureras. 1955-1960.
Aguada sobre papel. 24 x 34,5 cm.
Colección particular.

Pinturas como *Místico*, *Mendigo fumando*, *Minero* o *Cabeza de mendigo*, nos ponen ante la imagen de unos personajes populares concebidos cual insignes filósofos, cuya sabiduría se alimentaba a partir del dolor de y por España, que también compartía el propio pintor.

Estos rostros, de nuevo, nos descubren la modernidad de la pintura -y la literatura- del Siglo de Oro, o la dureza del Goya de los *Desastres de la Guerra*, serie esta tan patente en la singular denuncia que el biografiado recreó en *Vietnam*. Su sensibilidad al respecto la recoge en una dedicatoria su amigo Tierno Galván con las siguientes palabras: "Ojalá pueda pintar dentro de muy poco este mismo cuadro, pero con la mirada de las imágenes dirigidas hacia la tierra, donde crecen las cosechas. Ahora miran al cielo porque del cielo viene el terror".

Afortunadamente, en la actualidad asistimos a una revisión historiográfica, antropológica y social respecto al papel de la mujer en diferentes

161

momentos y lugares. Molina se adelantó a tal hecho, siendo abundantes los retratos que en su postrer etapa consagró a tantas trabajadoras, a tantas madres y a tantas luchadoras que admiraba y que perpetuó con el tesón de sus pinceles. Así lo apreciamos en *Costureras*, *Raza celta* o *Tristeza*, donde aborda unos arquetipos femeninos marcados por el expresionismo del sufrimiento, por la dignidad del reconocimiento, por esa eternidad que como tal serviría –y sirve– de ejemplo para las generaciones futuras.

No en vano, la sempiterna admiración de Jesús Molina por la clase trabajadora como modelo a seguir, como referencia de perennidad, es constante también en sus reflexiones:

> *La tez de los trabajadores que he visto esta tarde en el local de la Federación de Trabajadores de la Tierra, está amasada con sudor de esclavitud de centurias, por eso sus ojos tiene la expresión de una fiereza, pero noble, jamás vi tan cerca el alma de este pueblo tan sufrido y tan grande. El corazón de estos campesinos era de oro como su tez, hoy es de acero*[13].

> *[…] Esta tarde he visto desfilar por la calle Alcalá una compañía de la columna Largo Caballero. Jamás vi tipos tan llenos de vida interior (trágica y quizás dormida), pero sus cabezas tienen la maravillosa expresión de una raza grande e inmortal. Ellos me han intensificado mi idea de hacer una serie de dibujos de cabezas de estos campesinos guerreros, y de los milicianos del pueblo. Esto pudiera ser un día futuro documentación elocuentísima…*[14]

Ahora bien, respecto al sentido figurativo de Molina, no hemos de olvidar que, según ha señalado Cabañas Bravo[15], su arte eclosionaría justo cuando en Europa triunfaba el llamado *retorno al orden*, tendencia pictórica característica del periodo de entreguerras. Tal corriente ya se había filtrado en España durante los años estudiantiles de nuestro protagonista, si bien pudo asumir con más fuerza esos postulados creativos gracias a su estancia en la Academia de España en Roma, coincidiendo con la gran proyección que por entonces registraba en Italia el *Novecento*,

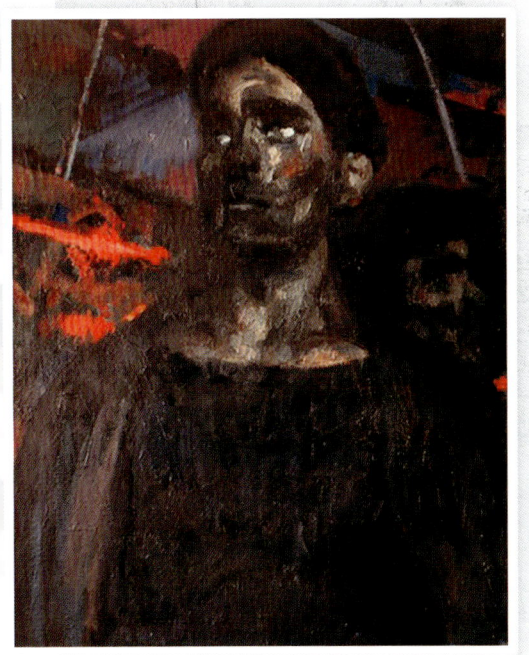

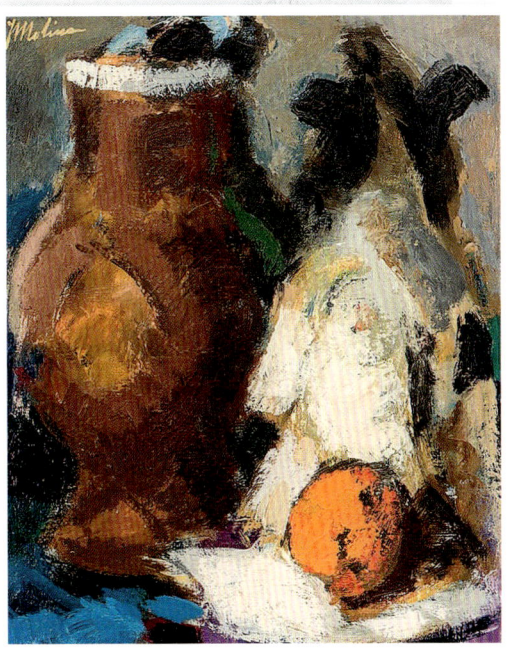

Minero. 1965. Óleo sobre lienzo.
85 x 70 cm. Colección particular.

Bodegón. Años 60. Óleo sobre tabla.
39 x 31 cm. Subastas Durán. Madrid.

cuyas influencias formales serían tan elocuentes en la producción de Molina más allá, incluso, de la década de los treinta.

Por tanto, su beca en la Ciudad Eterna y el consiguiente contacto con el *retorno al orden* consolidarían esa fijeza por los clásicos, pero no abundando en los adocenados postulados decimonónicos, sino extrayendo de aquellos su contemporaneidad: "Creo firmemente que para poder ser moderno en arte hay que partir del clasicismo. ¡Qué placer produce el interpretar un trozo de naturaleza, que luego, no siendo aquella naturaleza, es una naturaleza de arte"[16].

Esta afirmación iría extraordinariamente unida a su sentido de perfección técnica, virtuosismo del que siempre hizo gala en sus dibujos y pinturas, pero también lo reclamaría en sus escritos:

> *Se ha despreciado mucho el conocimiento del Oficio y esto ha sido la causa de muchos fracasos, y aun hoy quedan residuos de aquel concepto, que sólo basta una mancha y una sola tela abocetada para conseguir una obra de arte Error profundo. La obra hay que terminarla. ¡Ah!, lo doloroso es esto en el Arte, en el gran Arte, terminar[17].*

La producción última de Molina coincidió con el surgimiento de la nueva figuración de los años sesenta. Tras el lenguaje abstracto e intelectualizado promovido por el informalismo de las dos décadas anteriores, ahora la pintura apostaría por una figuración interpretada desde diferentes ópticas y sensibilidades, como el hiperrealismo, el pop…, o el singular universo estético de Molina, cuya iconografía y repertorio formal se había renovado y había evolucionado a partir de ciertos tintes asimilados de la abstracción cromática, como demuestran los citados bodegones de por entonces; sin renunciar a su característico realismo social, encarnado en tantas efigies realizadas en el capítulo final de su vida.

Todo lo cual no queda lejos del tantas veces referido sentido de la sinceridad, de la verdad, de la coherencia, la conciencia y la consciencia, con la que nuestro autor concebía la praxis artística. A este propósito, Tierno Galván afirmaba:

> *Molina insistía una y otra vez en que la realidad se dividía en primordial y exclusivamente en verdadera y falsa. No le importaba que se dijera de uno de sus cuadros que era malo, pero no aceptaba que se dijera que era falso.*

> *[Molina afirmaba] "En pintura lo espontáneo siempre es verdadero." La relación entre el conocimiento, poco común, del oficio, espontaneidad y verdad le obligaban a alejarse de lo convencional y pese a la conciencia de su superioridad incuestionable, se sentía pueblo[18].*

De este modo, Jesús Molina, una vez más, continuaba siendo moderno por su fidelidad a sí mismo, por su sentido de la responsabilidad ética y personal a través de la estética, del arte, de su trabajo, por anhelar una pintura eterna, más allá de un tiempo concreto y de un lugar determinado… Como siempre, desde muy temprano, había defendido:

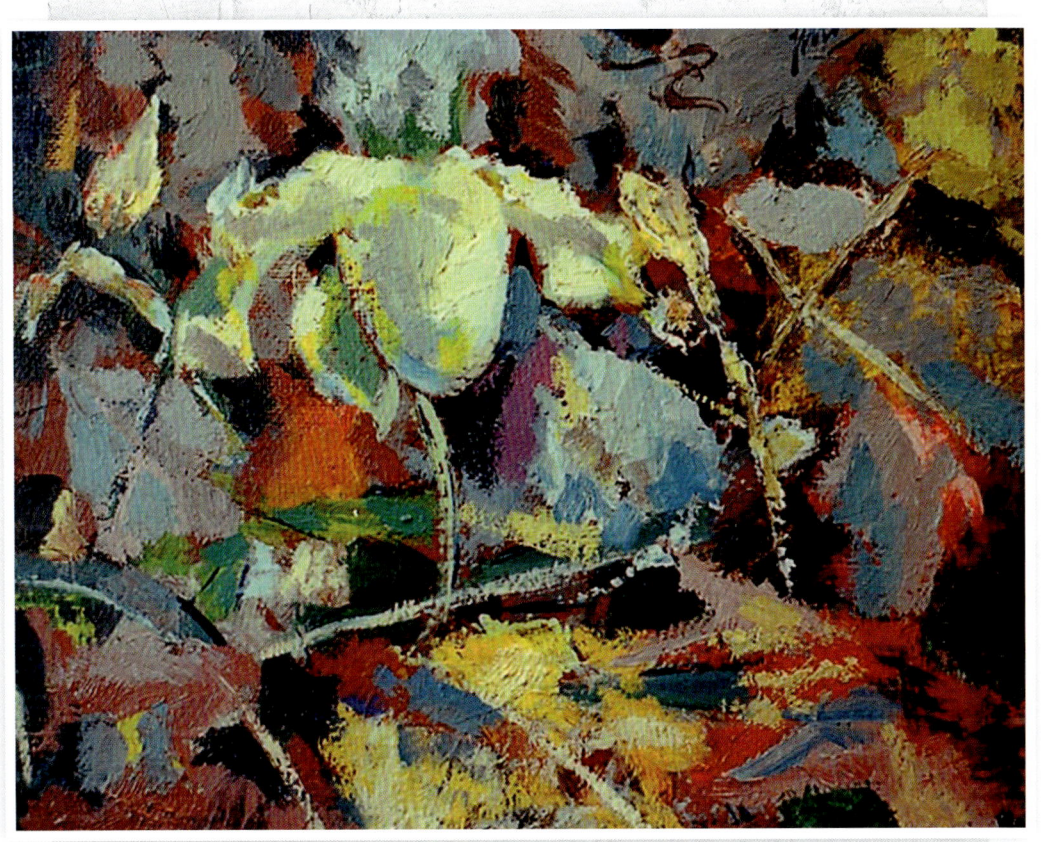

Naturaleza muerta. Óleo sobre tablex. 33 x 40 cm. Colección particular.

No me siento un genio único, pero sí tengo un alto sentido de la organización de las cosas y un sentido de la responsabilidad. Algún día no lejano demostraré a muchos mi fe y mi deseo por el gran progreso de España. Yo soy pintor y creo que como tal me he de manifestar. El hombre rinde más en aquello para lo que tiene capacidad. Fui al extranjero pensionado por el Estado con el fin de enriquecer mis condiciones de pintor y hoy que lo he conseguido, creo que no es cosa de tirarlo. […]

No obstante, toda la tragedia de la guerra y sus convulsiones, me siento con fuerzas para seguir en el estudio de composiciones y así adquirir una mayor maestría en el arte más bello, que profeso, y en su día donarle su valor a mi España. Patria heroica como ninguna otra[19].

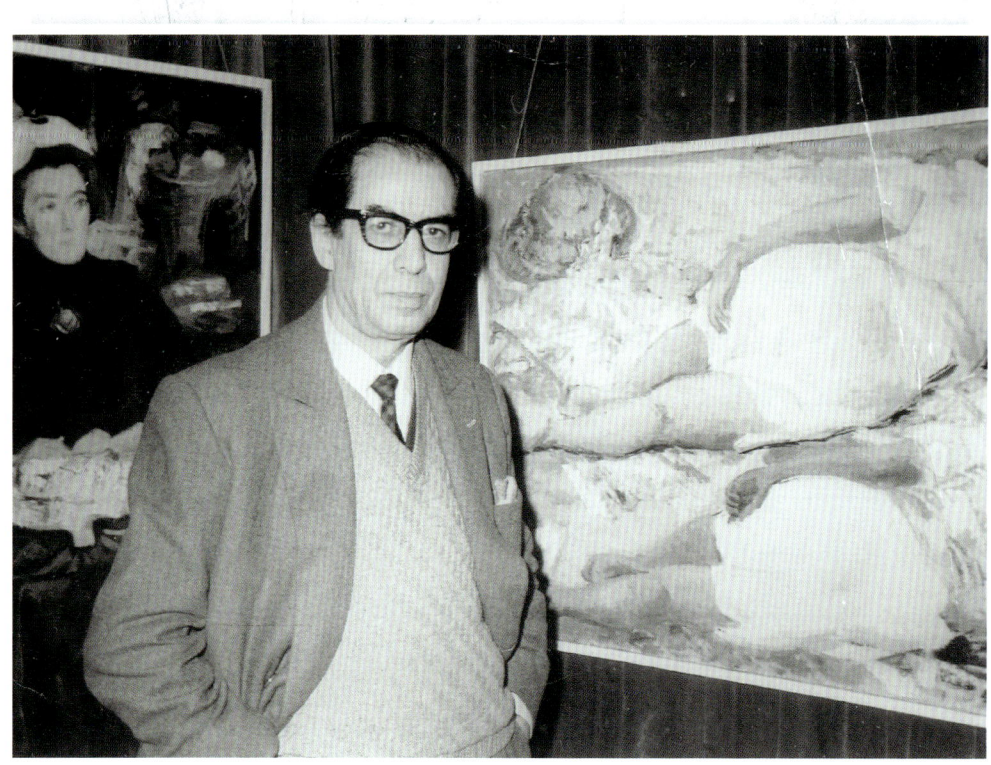

Jesús Molina en su exposición en la Sala Vayreda.1965. Barcelona.

Notas

1. Jesús Molina García, *Memoria de mi estancia en París de casi tres meses con la Beca de la Fundación Juan March*, 26/10/1961. Archivo familiar de Jesús Molina. Este texto resulta harto interesante, pues aglutina los conocimientos e inquietudes de nuestro autor en relación no sólo con su práctica artística, sino también respecto a sus conocimientos filosóficos, musicales, etc., en relación con dicha praxis y su pensamiento estético.

2. Jesús Molina García, *Memoria* reglamentaria del pensionado por la pintura de D. Jesús Molina, 1936, Archivo del Ministerio de Asuntos Exteriores, 8/3.

3. Fragmento del diario escrito el 13 de agosto de 1936, custodiado en el AFJM.

4. Jesús Molina García, *Memoria de mi estancia en París de casi tres meses con la Beca de la "Fundación Juan March"*, 25 de octubre de 1961, AFJM.

5. AFBAUCM, C. 191.

6. Algunas de las teorías estéticas más notables, así como el método de enseñanza de Doménech y Gallisá lo podemos encontrar desarrollados con cierta profusión en: Rafael Domenech, *Discursos leídos en la recepción pública de don Rafael Doménech Gallisá, el día 23 de noviembre de 1924*, Real Academia de Bellas Artes de San Fernando, Madrid, 1924.

166

7. *Diario* escrito en Roma el 18 de abril de 1936, AFJM.
8. Jesús Molina García, *Diario de Roma 1935*, AFJM.
9. Jesús Molina García, Diario escrito en Roma el 1 de julio de 1935, AFJM.
10. Jesús Molina García, Fragmento del diario escrito el 11 de diciembre de 1936, custodiado en el AFJM.
11. Enrique Tierno Galván, *La lucha solitaria*, Molina 63.
12. Jesús Molina García, Diario de 7 febrero 1936.
13. Jesús Molina García, Diario del 12 de agosto de 1936, AFJM.
14. Jesús Molina García, Diario del 25 agosto 1936, AFJM.
15. Miguel Cabañas Bravo, Jesús Molina y el ingrediente italiano en nuestro Siglo de Plata, en: Eduardo Aguirre, *Jesús Molina. Vivir una idea*. León, Caja España, 2006, pp. 87-129.
16. Jesús Molina García, Diario del 14 de enero de 1937, AFJM.
17. Jesús Molina García, Diario del 22 de enero de 1937, AFJM.
18. Texto firmado por Enrique Tierno Galván dedicado a Jesús Molina, AFJM.
19. Jesús Molina García, Diario del 29 septiembre de 1936, AFJM.

Archivos y fuentes documentales

1. Archivo Histórico Municipal López Villaseñor de Ciudad Real.
   a. Periódico *Vida Manchega. Ciudad Real* (1921-1936, excepto 1933).
   b. Actas Municipales de Ciudad Real.

2. Archivo de la Escuela de Arte "Pedro Almodóvar" de Ciudad Real.

3. Archivo de la Real Academia de Bellas Artes de San Fernando.

4. Archivo del Ayuntamiento de Porzuna.

5. Archivo documental de Rafael Molina Fernández.

6. Archivo Histórico de la Facultad de Bellas Artes de la Universidad Complutense, Madrid.

7. Archivo de la Fundación Gregorio Prieto, Madrid.

8. Archivo del Ministerio de Asuntos Exteriores, Madrid.

9. Archivo de la Academia de España en Roma.

10. Biblioteca del Museo del Prado, Madrid.

11. Biblioteca Virtual de Prensa Histórica. Fondos Digitalizados.
    a. *Boletín Oficial de Zamora.*
    b. *Imperio: Diario de Zamora de Falange Española de las J.O.N.S.*

12. Biblioteca Nacional de España. Fondos digitalizados. Hemeroteca.
    a. *El Sol.*
    b. *La Época.*
    c. *La Libertad.*
    d. *La Nación.*
    e. *El Heraldo de Madrid.*
    f. *Hoja Oficial del Lunes.*

13. Centro de Estudios de Castilla la Mancha. UCLM.
    Hemeroteca Digital. Prensa.
    a. *Lanza*
    b. *El Pueblo Manchego.*
    c. *Vida Manchega: semanario ilustrado.* Ciudad Real (1912-1920).
    d. *Avance* (Ciudad Real).

14. Periódicos.
    a. *ABC.* Hemeroteca.
    b. *La Vanguardia Española.* Hemeroteca.
    c. *Diario de León* https://www.diariodeleon.es/ articulo/revista/ memoria-perdida-artista-olvidado/20060702020000847435.html
    d. Ahora (Madrid).
    e. *Cruz Roja Española* (Madrid).
    f. *París-Soir* (París).

15. *Boletín Oficial de la Provincia de Ciudad Real.*
    Diputación de Ciudad Real.

16. Museo Nacional Centro de Arte Reina Sofía de Madrid.

17. Museo Municipal de Valdepeñas.

18. Web del pintor Jesús Molina García de Arias.

Fuentes orales

Entrevistas a:

1. **Rafael Enrique Molina Fernández.**

2. **José Pérez González,** nieto de D. José Pérez Molina.

3. **Juan Pérez Serrano,** nieto de D. José Pérez Molina.

4. **Mª Ángeles García Velasco,** nieta política de D. José Pérez Molina.

Bibliografía

- ABELLA, Rafael: *La vida cotidiana durante la Guerra Civil. La España republicana*. Barcelona, Planeta, 2004.

- ABRIL GARCÍA, Manuel: "El concurso nacional de pintura". *Blanco y Negro*, 5 de enero de 1936.

- *Academia Española de Bellas Artes de Roma (Promoción 1873-1979)*. Madrid, Ministerio de Cultura, 1979.

- AGUIRRE ROMERO, Eduardo: "Vivir una idea", en Jesús Molina: *Vivir una idea*. León, Caja España, 2006, pp. 15-70.

- ALBERTI, Rafael: *La arboleda perdida. Memorias*. Barcelona, Seix Barral, 1975.

- ALCARAZ MONTESINOS, Amparo: *La Gran Vía de Madrid, un espacio cambiante y un microcosmos de la guerra civil española*. Madrid, Universidad Autónoma, 2019.

- ALÍA MIRANDA, Francisco: *Julio de 1936. Conspiración y alzamiento contra la Segunda República*. Barcelona, Crítica, 2011.

- ALÍA MIRANDA, Francisco: *La agonía de la República. El final de la guerra civil española (1938-1939)*. Barcelona, Crítica, 2015.

- ALIX TRUEVA, Josefina: El *Pabellón Español en la Exposición Internacional de París de 1937*. Madrid, Ministerio de Cultura, 1987.

- ALIX TRUEVA, Josefina: "Jesús Molina en el Pabellón de París, 1937", en *Jesús Molina: Vivir una idea*. León, Caja España, 2006, pp. 71-86.

- ANDRÉS SANZ, Jesús de: *Carteles de la Guerra Civil española: Atlas ilustrado*. Madrid, Susaeta, 2010.

- ANTOLÍN PAZ, Mario, MORALES MARÍN, José L. y RINCÓN GARCÍA, Wifredo: *Diccionario de pintores y escultores españoles del siglo XX*. Mdrid, Forum Artis, 1994.

- AZCÁRATE RISTORI, José María: *Panorama del arte español del siglo XX*. Madrid, Editorial U.N.E.D., 1978.

- BENASSAR, Bartolomé: *El infierno fuimos nosotros. La Guerra Civil Española (1936-1942…)*. Madrid, Taurus, 2005.

- BONET, Juan Manuel y CASTILLO, Fernando: *Dos miradas. Una visión: los dibujos de guerra de Carlos Sáenz de Tejada y Joaquín Valverde*. Madrid, Galería José de la Mano, 2010.

- BOZAL FERNÁNDEZ, Valeriano: *Summa Artis, Historia General del Arte*. Madrid, Espasa Calpe, 1995, tomo XXXVI.

- BOZAL FERNÁNDEZ, Valeriano: "El arte durante la República", en Julio Rodríguez Puértolas (coord.): *La República y la guerra. Paz, guerra y exilio*. Madrid, Istmo, 2009, pp. 109-114.

- BRIHUEGA SIERRA, Jaime: *Las vanguardias artísticas en España, 1909-1936*. Madrid, Istmo, 1981.

- CABALAS BRAVO, Miguel: "Jesús Molina y el ingrediente italiano en el arte de nuestro siglo de plata", en *Jesús Molina: vivir una idea*. León, Caja España, 2006, pp. 87-130.

- CABEZA SAN DEOGRACIAS, Javier: *El descanso del guerrero: cine en Madrid durante la Guerra Civil española*. Madrid, Rialp, 2005.

- CAJA ESPAÑA OBRA SOCIAL: *Jesús Molina, vivir una idea (1903-1965)*. León, Gráficas Celarayn, 2006.

- CALATRAVA, Rolando de: "Jesús Molina", *Vida Manchega*, 10/09/1923.

- CAMÓN AZNAR, José: *XXV Años de arte español*. Publicaciones españolas Langa y Cia, Madrid 1964.

- CAMPOS POSADA, Ainhoa: "Una lenta e intensa agonía: el desgaste de la retaguardia republicana por el hambre a través del abastecimiento de Madrid en el último año de la guerra (1938-1939)", en E. Higueras, Á.L. López y S. Nieves (coords.): *El pasado que no pasa: la Guerra Civil española a los ochenta años de su finalización*, Cuenca, Ediciones de la Universidad de Castilla-La Mancha, 2020, pp. 113-125.

- CAMPOY ALÍAS, Antonio Manuel: *Diccionario crítico del arte español contemporáneo*. Madrid, Ibérico Europea de Ediciones, 1973.

- CARDONA, Gabriel: *Historia militar de una guerra civil. Estrategias tácticas de la guerra de España*. Barcelona, Flor del Viento, 2008.

- CASTRO MORALES, Federico: "Cartelismo e ilustración gráfica: estrategias de cohesión social durante la Guerra Civil", en B. de las Heras (ed.): *Imagen y Guerra Civil española, Carteles, fotografía y cine*. Madrid, Síntesis, 2017, pp. 25-48.

- COLLADO JIMÉNEZ, Juan Carlos: *Los desplazados de la Guerra Civil. Evacuados de la provincia de Toledo*. Toledo, Almud Ediciones de Castilla-La Mancha, 2019.

- CRESPO PÉREZ DE MADRID, Ángel: "El año artístico en el Círculo de Bellas Artes de Madrid". *ARTES* nº 1, mayo 1961.

- CRUZ YABAR, Almudena (coord.): *Roma y la tradición de lo nuevo: diez artistas en el Gianicolo (1923-1927)*. Roma, Sociedad Estatal para la Acción Cultural Exterior, 2003.

- DOMÉNECH Y GALLISSÁ, Rafael: *Discursos leídos en la recepción pública de don Rafael Doménech y Gallissá, el día 23 de noviembre de 1924*. Madrid, Real Academia de Bellas Artes de San Fernando, 1924.

- ESPINOSA MAESTRE, Francisco: *La columna de la muerte. El avance del ejército franquista de Sevilla a Badajoz*. Barcelona, Crítica, 2003.

- ESTEBAN DRAKE, Mesa: *De El Paular a Segovia*. Segovia, Diputación de Segovia, 1991.

- FERNÁNDEZ ARIAS, Adelardo: *La agonía de Madrid, 1936-1937 (Diario de un superviviente)*. Zaragoza, Librería General, 1938.

- GACETA DE BELLAS ARTES: *La Academia de España en Roma*, nº 453. Madrid, enero 1936.

- GAGO MARTÍN, Claudia.: "La Alianza de Intelectuales Antifascistas: Defensa de la cultura y derechos humanos en la Guerra Civil española", *Revista Aequitas. Estudios sobre Historia, Derecho e instituciones*, nº 18, 2021, pp. 117-144.

- GAMONAL TORRES, Miguel A.: *Arte y política en la guerra civil española. El caso republicano*. Granada, Diputación Provincial de Granada, 1987.

- GARCÍA-LUENGO, Javier: "La primera promoción de la Escuela de Paisajistas de El Paular", *Boletín de la Real Academia de la Purísima Concepción de Valladolid*, nº 47, 2012, pp. 115-124.

- GARCÍA-LUENGO, Javier: "El pintor sevillano Joaquín Valverde Lasarte (1896-1980). Una aproximación a su vida y a su obra", *Laboratorio de Arte*, nº 28, 2016, pp.512-542.

- GARCÍA SÁNCHEZ, Jorge (coord.): *El arquitecto José Ignacio Hervada (1902-1949)*. Madrid, Real Academia de Bellas Artes de San Fernando, 2013.

- GARNELO Y ALDA, José: *El dibujo de memoria. Discurso leído en el acto de su recepción por el Ilmo. Señor D. José Garnelo y Alda, y contestación del Excmo. Señor don Amós Salvador y Rodrigáñez*. Madrid, Real Academia de Bellas Artes de San Fernando, 1912.

- GAYA NUÑO, J.A.: *La pintura española del siglo XX*. Madrid, Edit. Ibérico-Europea, 1971.

- GRIMAU, Carmen: *El cartel republicano en la Guerra Civil*. Madrid, Cátedra, 1979.

- GUBERN, Román: *1936-1939: La guerra de España en la pantalla. De la propaganda a la historia*. Madrid, Filmoteca Española, 1986.

- GUTIÉRREZ CARVAJAL, Inés: *La pintura del siglo XX en Zamora*. Zamora, Instituto de Estudios Zamoranos "Florián do Campo", 1995.

- GUTIÉRREZ CARVAJAL, Inés y SARAVIA MADRIGAL, Piedad: *100 años de arte en Zamora*. Zamora, Diputación de Zamora, 1998.

- HERAS, Beatriz de las: *Imagen y Guerra Civil española. Carteles, fotografía y cine*. Madrid, Síntesis, 2017.

- JULIÁN GONZÁLEZ, Inmaculada: *El cartel republicano en la guerra civil española*. Madrid, Instituto de Conservación y Restauración de Bienes Culturales, 1993.

- LAFUENTE FERRARI, E.: *Breve historia de la pintura española*. Madrid, Akal, 1987.

- LITVAK, Lily: *El tiempo de los trenes. El paisaje español en el arte de la literatura del realismo (1849-1918)*. Barcelona, Ediciones del Serbal, 1999.

- LÓPEZ DE MEDRANO, Luis: *986 días en el infierno*. Madrid, Librería Enrique Prieto, 1939.

- LÓPEZ-SALAZAR PÉREZ, Carmen y HERRERO LÓPEZ, Javier: *100 años de Escuela de Artes. Ciudad Real 1911-2011*. Ciudad Real, Biblioteca de Autores Manchegos, Diputación Provincial de Ciudad Real, 2011.

- MARTÍN MARTÍN, Fernando: *El Pabellón Español en la Exposición Universal de París en 1937*. Sevilla, Publicaciones de la Universidad de Sevilla, 1982.

- MARTÍNEZ BANDE, José Manuel: *Los cien últimos días de la República*. Barcelona, Luis de Caralt, 1973.

- MINISTERIO DE ASUNTOS EXTERIORES: *Roma: Mito, Modernidad y Vanguardia*. Madrid, 1998.

- MONTIJANO GARCÍA, Juan María: *La Academia de España en Roma*. Madrid, Dirección General de Relaciones Culturales y Científicas, 1998.

- OSSA MARTÍNEZ, Marco Antonio de la: "Una aproximación al teatro, cine, literatura, cartelismo y pintura en la Guerra Civil española", *Artseduca*, nº 9, 2014, pp. 1-29.

- PALOMARES GARCÍA, Vicente: *Miguel Pérez Molina (1868-1939) y la Academia General de Enseñanza de Ciudad Real.* Ciudad Real, Biblioteca de Autores Manchegos, Diputación de Ciudad Real, 2018.

- PANTORBA, Bernardino de: *Historia y crítica de las Exposiciones Nacionales de Bellas Artes celebradas en España.* Madrid, Ediciones Jesús Ramón García-Rama, 1980.

- PEÑA CERVERA, Marc: *Enrique Navas Escuriet (1875-1952). Vida i obra d' un pintor valenciá.* Valencia, Universitat de Valencia, 2021.

- PÉREZ GIL, José: "Exposición de Alicante de 1956", *Goya*, nº 28, enero-febrero 1959.

- PILATO IRANZO, Armando: "El pintor Enrique Igual Ruiz", *Cuadernos de Arte*, Universidad de Valencia, nº 9-10, 2000, pp. 217-230.

- PRIETO, Indalecio: *Convulsiones de España. Pequeños detalles de grandes sucesos.* México, Oasis, 1967, t. I.

- PRODAN, Gianna: *Diccionario de Arte del siglo XX en la provincia de Ciudad Real.* Ciudad Real, Biblioteca de Autores Manchegos, Diputación de Ciudad Real, 1997.

- QUEVEDO PESSANHA, Carmen: *Vida artística de Mariano Benlliure.* Madrid, Espasa-Calpe, 1947.

- REYERO HERMOSILLA, Carlos: *La recepción de la Vanguardia en los pintores españoles pensionados en Roma o como iniciarse en el "desorden" a través de "la vuelta al orden".* Madrid, Departamento de Historia y Teoría del Arte. (U.A.M.), 1994, vol. VI.

- RODRÍGUEZ MARÍN, Francisco: *En un lugar de la Mancha…Divagaciones de un ochentón evacuado de Madrid durante la guerra.* Piedrabuena, Ediciones de Amigos de Piedrabuena, 2003.

- RUIZ GARCÍA, Amelia: *La Exposición de Artes Plásticas de Valdepeñas, 1940-2014.* Valdepeñas, Ayuntamiento de Valdepeñas, 2014.

- SOBRÓN, Luis de y BORDES, Enrique: *Madrid bombardeado 1936-1939,* Madrid, Ayuntamiento, 2019.

- SOLÉ I SABATÉ, J.M. y VILLARROYA, J.: *España en llamas. La guerra civil desde el aire*. Madrid, Temas de Hoy, 2003.

- TOGLIATTI, Palmiro: *Escritos sobre la guerra de España*. Barcelona, Crítica, 1980.

- TUÑÓN DE LARA, Manuel, ARÓSTEGUI, Julio, VIÑAS, Ángel, CARDONA, Gabriel y BRICALL, Joseph M. Bricall: *La Guerra Civil Española, 50 años después*. Barcelona, Labor, 1989.

- UREÑA PORTERO, Gabriel: *Las vanguardias artísticas en la posguerra española, 1940-1959*. Madrid, Istmo, 1982.

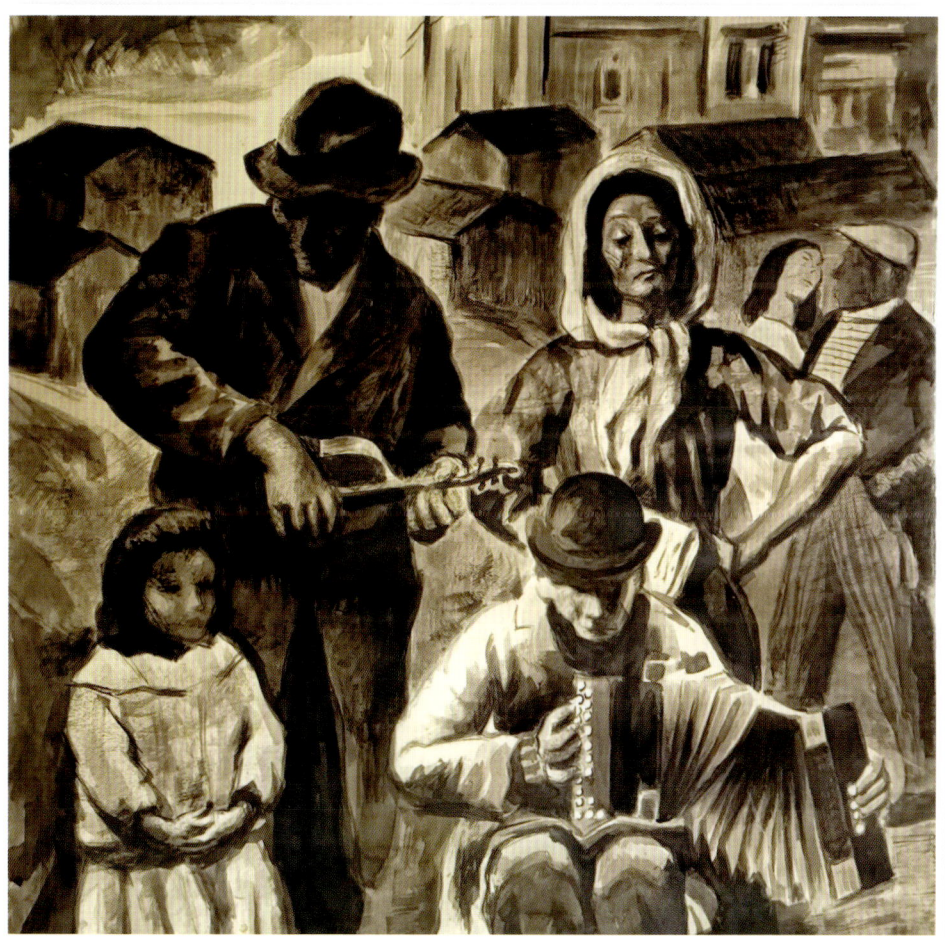

Familia de músicos. Acuarela sobre papel (82x65).